Taliman Sluga

Das österreichische FISCH KOCHBUCH

VERLAG ANTON PUSTET

Taliman Sluga

Das österreichische Fisch-Kochbuch

Rezepte: Taliman Sluga und Franz Peier

Foodfotografie: Günter Hauer

VERLAG ANTON PUSTET

Taliman Sluga

Das österreichische FISCH KOCHBUCH

VERLAG ANTON PUSTET

Impressum

Bibliografische Information der Deutschen Nationalbibliothek
Die Deutsche Nationalbibliothek verzeichnet diese Publikation in der Deutschen Nationalbibliografie; detaillierte bibliografische Daten sind im Internet über http://dnb.d-nb.de abrufbar.

Wir danken für die freundliche Abdruckgenehmigung:
Rezept „Paulaner Würste" von Seite 38 aus: Maier-Bruck, Franz: Vom Essen auf dem Lande, Verlag Kremayr & Scheriau, Wien 1981, S. 579.
Rezept „Mit Käsehaube überbackenes Zanderfilet an Blattsalaten" von Seite 39 aus: Käsestraße Bregenzerwald (Hg.): Käsbüächle, Verlag Bucher, Egg 2006.
Rezept „Pöttschinger Saibling" von Seite 28 aus: Wagner, Christoph: Esterházy Kochbuch, Löwenzahn Verlag, Innsbruck 2009.

Rezepte: Taliman Sluga und Franz Peier
Foodfotografie: Günter Hauer

Grafik, Satz und Produktion: Tanja Kühnel
Lektorat: Anja Zachhuber
Druck: Těšínská tiskárna, Tschechien
Gedruckt in der EU

ISBN 978-3-7025-0958-3

www.pustet.at

Inhalt

Vorwort ... 7
Einleitung ... 8

Reichhaltiges Angebot aus Österreich ... 10
Die historische Süßwasserfisch-Küche ... 26
Die heimischen Süßwasserfisch-Arten und Schalentiere ... 40

Rezepte
Vorspeisen, Zwischengerichte, Salate ... 66
Suppen ... 115
Hauptspeisen ... 130

Anhang
Rezeptregister ... 228
Glossar ... 230
Literatur und Quellen ... 234
Bildnachweis, Autorenbiografie ... 236

Vorwort

Der durchschnittliche Fischkonsum in Österreich beträgt etwa 8 Kilogramm pro Kopf und Jahr. Davon sind bescheidene 6 Prozent heimischer Fisch. Das ist schade, denn Frische, Qualität und ökologischer Fußabdruck sprechen eindeutig für den heimischen Fisch.

Das österreichische Fisch-Kochbuch ist mithin mehr als nur ein Kochbuch. Neben historischen und raffinierten modernen Rezepten bietet es auch wesentliche Informationen über die Vielfalt an köstlichen Fischen aus österreichischen Flüssen, Seen und Teichen. Warenkunde sowie Tipps und Tricks zur Vorbereitung, Verarbeitung und Zubereitung von Fischgerichten machen dieses Buch zu einem gesunden Genussführer.

Ich wünsche Petri Heil beim Einkaufen oder Angeln, viel Vergnügen beim Lesen wie beim Kochen und guten Appetit mit der abwechslungsreichen österreichischen Fischküche!

Taliman Sluga

Einleitung

Bemerkungen zur Kulturgeschichte

Der Fischfang ist eine der ältesten Kulturtechniken. Schon vor 25 000 Jahren verwendete man in Frankreich nachweislich Knebelhölzer mit Köder, vor 12 000 Jahren schon Harpunen und bald auch Pfeil und Bogen zur Fischjagd. Aus der Zeit vor 8 000 Jahren wurden auch schon Netze aus Pflanzenfasern, Haaren oder Lederschnüren archäologisch nachgewiesen.

Bildliche Darstellungen von Fischen und Fischern sowie Kelteranlagen finden sich bereits in der Antike. Lucullus beispielsweise hat als Fischzüchter ein Vermögen verdient. Im ersten Kochbuch des Marcus Gavius Apicius „De re coquinaria" aus dem 1. Jahrhundert nach Christus sind auch einige Fischrezepte und vor allem Rezepte für Saucen zu Fischgerichten überliefert. Der Ursprung der heutigen Fischzucht, vornehmlich der Karpfenzucht, ist eng mit der Geschichte der Klöster verbunden und datiert um 500 n. Chr. Auch die Binnenfischerei wurde vor allem durch die Mönche vorangetrieben, ganz besonders durch die Benediktinermönche, die in Mitteleuropa die Karpfenteichwirtschaft begründeten.

1506 erlässt Maximilian I. ein Patent, wie gewisse Fischarten „nach mass und zal gefangen, hingeben und verkchauft sullen werden", um den Fischbestand zu erhalten.

Süßwasserfische standen früher wesentlich öfter auf dem Speiseplan als heute. Einerseits hatten die Binnengewässer reiche Fischbestände, andererseits war es unmöglich, frische Seefische über weite Strecken zu transportieren. Frischfische konnte man sich aber das ganze Jahr über aus den Flüssen und Seen beschaffen. Fast überall besaßen nur die adeligen Landesherren und

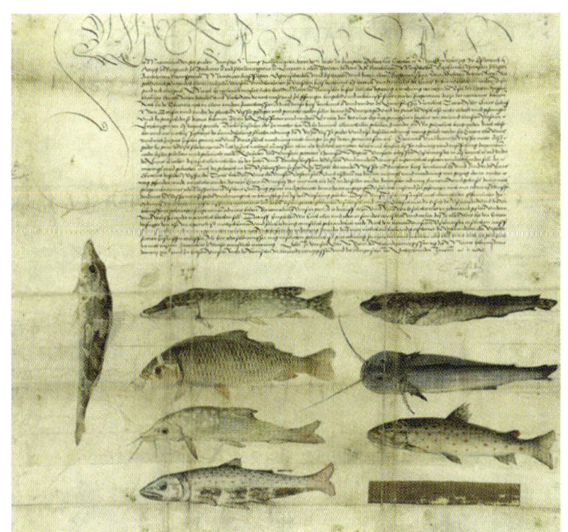

Fischereiordnung Maximilians I., 1506,
Wiener Stadt- und Landesarchiv, HA-Urkunde 5825.

die Kirche das Privilegium, den Fischertrag zu ernten. Im Laufe des Mittelalters vergaben die Grundherren gegen entsprechende Abgaben die Berechtigungen, die Mühlteiche der Gegend fischereiwirtschaftlich zu nutzen. Hier wurden dann unter anderen Schleien, Karpfen und Hechte gehalten. Die ersten Bücher über Teichwirtschaft, Jahresklassenzucht, Errichtung von Laich- und Brutteichen, Fütterungsplänen und Methoden zur Krankheitsbekämpfung stammen aus dem 16. Jahrhundert. Ein deutscher Landwirtssohn kam Anfang des 18. Jahrhunderts auf die Idee, Fischen Eier und Samen zu entnehmen und die Eier dann künstlich zu befruchten und zu erbrüten.

Nach der Aufhebung vieler Klöster durch Josef II. wurden auch viele Fischzuchtanstalten aufgelöst, und der Fischkonsum ging rapide zurück. Der Fischkonsum war lange Zeit eher gering, sowohl was heimischen als auch importierten Seefisch betrifft. Erst allmählich nahm der Fischkonsum wieder zu, wobei der Weihnachtskarpfen aber nie wirklich seine Stellung eingebüßt hat.

Reichhaltiges Angebot aus Österreich

Die aktuelle Frage lautet: Warum Fische aus anderen Ländern importieren, wenn wir regional in unseren klaren und sauberen Gewässern bessere und gesündere Fische erzeugen und diese noch dazu lebendfrisch auf den Tisch bringen können?

Österreich verfügt aufgrund intensiver Bemühungen zur Reinhaltung und Verbesserung der Gewässersituation über große Ressourcen an reinem Wasser und intakten Gewässer-Ökosystemen. Trotz eines verhältnismäßig niedrigen Fischkonsums ist Österreich stark importabhängig, um die Versorgung der Bevölkerung mit Fisch ganz allgemein zu gewährleisten.

Wir haben nicht genug eigenen Fisch. Allein an Karpfen könnte man zum Beispiel in der Steiermark die doppelte Menge produzieren, hätte also noch Potenzial, das nicht ausgeschöpft wird. Andererseits ziehen Konsumenten immer noch die billige, aber qualitativ schlechtere Ware aus dem Ausland vor.

Die Fischzucht beschränkt sich auf den Aquakulturbereich und die Binnenfischerei auf einige größere Seen. An den Fließgewässern Österreichs wird mit wenigen Ausnahmen (zwei Berufsfischer in Oberösterreich) keine Berufsfischerei ausgeübt. Die freien Gewässer werden überwiegend durch die Angelfischerei, auch im Rahmen touristischer Angebote, genutzt.

In Aquakulturen werden hauptsächlich Karpfen und Forellen gezüchtet. Die Produktion kann generell als extensiv und klein strukturiert bezeichnet werden, der Anteil der unter biologischen Gesichtspunkten produzierten Fische nimmt dabei ständig zu.

Reinanken, Lachsforelle und Seesaibling.

Verarbeitung und Vermarktung erfolgen weitgehend durch die Fischzuchtbetriebe bzw. die Binnenfischer. Konservenfabriken, in denen Süßwasserfische verarbeitet werden, gibt es nicht. Insbesondere in der Karpfenteichwirtschaft erfolgt die Verarbeitung fast ausschließlich im eigenen Betrieb mit anschließender Direktvermarktung.

Österreichs Fischvorkommen

Burgenland

Schriftliche Belege bezeugen die Fischerei im Neusiedler See seit der Mitte des 16. Jahrhunderts. Im Auftrag der Grundherren befassten sich sogenannte Seebauern mit der Fischerei als Zubrot zum Rohr- und Binsenschnitt. Beides war für die ansässige Bevölkerung eine wichtige Einnahmequelle. Wie dazumal gang und gäbe, waren die meisten Fischgewässer im Eigentum des Adels und wurden von den Untertanen nur bewirtschaftet, manchmal auch gegen entsprechende Abgaben gepachtet. Die Gemeinden Illmitz, Apetlon und Martinhofen beispielsweise mussten einen Wagen voll Fisch als Zins an die Herrschaft Esterházy in Eisenstadt liefern. Davon gingen wöchentlich auch große Fischmengen nach Wien.

Die übliche Fischfangmethode am Neusiedler See erfolgte traditionell schon immer mit Reusen. Diese „Gade“ genannten Reusen wurden aus Schilf hergestellt und örtlich befestigt. Erst 2003 wurden die Fischreusen durch Zug- und Stellnetze ersetzt.

Das Fischvorkommen heutzutage ist auch in burgenländischen Gewässern unter anderem das Resultat künstlicher Besatzung und Einwanderung von Fischen aus dem Fluss Wulka und über den sogenannten Einser-Kanal, einen künstlichen Abfluss. Er wurde 1895 fertig gestellt und entwässert auf ungarischer Seite zur Donau. Folgende drei Fischarten sind im Neusiedler See heute die bedeutendsten: Karpfen, Hecht und Zander, deren Vorkommen bereits im 18. Jahrhundert im Neusiedler See erwähnt werden. Nach 1949 begann der Besatz mit Spiegel-, Leder- und Schuppenkarpfen, davor lebten ausschließlich Wildkarpfen im See. Daneben spielt auch der Aal eine bedeutende Rolle. 1958 wurden erstmals etwa 200 000 Aale in den See eingebracht, 1974 bereits über eine Million. Der Ertrag belief sich Mitte der 70er-Jahre schon auf

Robert Täubel, Berufsfischer auf dem Neusiedler See, mit einem Karpfen.

über 30 Tonnen. Darüber hinaus sind noch Giebel, Blaufelchen, Karausche und Schleie kulinarisch interessant. Heute beherbergt der Neusiedler See mehr als 30 Fischarten, die größte Zahl davon in den Schilfzonen. Nur mehr eine Handvoll Fischer betreiben hier die Fischerei.

Kärnten

Seit der ersten Jahrtausendwende ist die Fischerei am Millstätter See, am Wörther See und am Weißensee nachgewiesen. Die bestellten Fischer mussten an die Herrschaft alljährlich Abgaben in Form von Fischen leisten. Die gefangenen Fische wurden im „Putsch“ oder „Lagel“, einem Tragegefäß, nach Hause gebracht. Aus Oberkärnten wurden so Fische auch bis nach Salzburg und Bayern transportiert.

Paolo Santonino hat mit dem Bischof von Caorle 1485/86 Kärnten bereist und berichtet, dass es auf den Burgen, in den Pfarren und Bürgerhäusern dazumal kein Essen ohne Fisch gab.

Das Fischen „mit der Schnur und von Lust wegen mit der Hand“ war aber selbst Landedlen nicht überall erlaubt. Ausnahme war der sogenannte Freibach in der Herrschaft Hollenegg

Kärntna Låxn: Andreas Hofer, Feld am See.

und der Lend- bzw. Stadtgraben in Klagenfurt. Eine Fischereiordnung von 1645 regelte das Fischen fortan und erlaubte das Freifischen nur in den Hauptgewässern und in begrenzter Menge.

Aus dem Jahr 1616 erzählt ein Bericht von einem kapitalen Wallerfang in der Drau von 135 Pfund, das entspricht 75,6 Kilogramm. 1869 und 1946 sollen im Ossiacher See Welsexemplare mit rund 65 Kilogramm gefangen worden sein. 1881 wurde in Klagenfurt eine Fischzuchtanstalt und fünf Jahre später in Velden eine Landesfischzuchtanstalt errichtet.

Der Reichtum an Seen und Fließgewässern in Kärnten birgt natürlich einen entsprechenden Fischreichtum. Diesen Reichtum im Millstätter See nutzt beispielsweise auch die Initiative „Wilder Fisch", die Reinanke, Hecht, Barsch, Waller und Schleie für die Gastronomie aus Wildfang anbietet. Zusätzlich wird in Kärnten aber auch Fischzucht betrieben, wie die des *Kärntna Låxn*, einer Seeforelle. Sie findet man auch im Betrieb des Obmannes der Kärntner Fischzüchter Markus Payr in Sirnitz. Bei ihm sind aber auch Bachforelle, Seesaibling oder Äsche erhältlich.

Oberösterreich

In der bäuerlichen Küche war Fisch nie besonders beliebt, wohl aber in der klösterlichen und bürgerlichen. Berühmt sind die Fischkalteranlagen in St. Florian und Kremsmünster.

Die „Fischkost" in Linz wurde ob ihrer Vielfalt und ihres Reichtums von Reisenden immer gelobt. So auch 1805 im Almanach des Gourmands, wo von 66 Fischarten berichtet wird. Hier kamen auch viele Fischtransporte aus Böhmen und dem ganzen Land zusammen und wurden in städtischen Fischkaltern frisch gehalten. Ein Spitzname für die Linzer in diesem Zusammenhang war deshalb auch „Fischtränker".

In der Fischordnung von 1585 wurde auch die Platzfrage geregelt. Bis dahin war es üblich, dass die „Traunfische" am Hauptplatz beim oberen Brunnen, die anderen Fische außerhalb der Stadt an der Lände in Geschirren, die in die Donau eingehängt waren, feilgeboten wurden. Aus einem weiteren Bericht aus dem Jahr 1609 geht hervor, dass als Standort für den Fischmarkt der Platz beim Wassertor (Teil der heutigen Oberen Donaulände) bestimmt worden war.

Der Fischmarkt in Linz, der von den Berufsfischern versorgt wurde, übersiedelte 1911 vom Linzer Hauptplatz zum Brückenkopf, 1938 zum Pfarrplatz und 1950 zum Südbahnhof. Im Raum Linz ist Franz Wiesmayr der letzte hauptberufliche Donaufischer.

Barocke Fischkalter im Stift Kremsmünster.

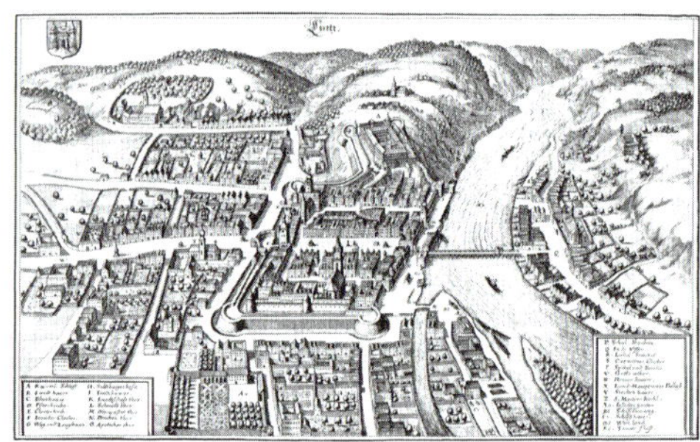

Linz, Ansicht von Merian, 1649.

Aber an den Seen Oberösterreichs gibt es auch noch einige Berufsfischer wie die Fischerei Christian Scheichl in Unterach am Attersee. Sie bemühen sich vor allem um Forellen, Saiblinge und Reinanken. Die Forellenzucht Achleitner in Mattighofen ist einer der Partnerbetriebe der *Genuss Region Mattigtal Forelle*, deren Obmann Franz Köstler in Ranshofen seine köstlichen Forellen züchtet.

Während die Salmoniden in den oberösterreichischen Zuchtbetrieben dominieren, haben die Fischzuchtbetriebe Gutenbrunner in Engerwitzdorf, Zöls in Ried im Innkreis oder Hager in Puchkirchen unter anderen auch Karpfen, Schleie, Hecht oder Zander.

Niederösterreich

Bereits die „Ordnung der Fischer und Schiffleute zu Klosterneuburg“ aus dem Jahr 1258 regelte das Besitz- und Fischrecht an diesem Donau-Abschnitt. Grundherren übten das Recht aber meist nicht selbst aus, sondern es wurde von Fischern, die in Zünften zusammengeschlossen waren, betrieben. Überschüsse nach den Abgaben durften verkauft werden. Die ursprünglich als Fischkalter angelegten kleinen Teiche für die Fischabgaben entwickelten sich bald zu regelrechten Teichwirtschaften. Das Stift Zwettl etwa bewirtschaftet schon seit Jahrhunderten seine rund 90 Hektar umfassenden Teiche.

Niederösterreich ist nach wie vor das Hauptgebiet der Karpfenteiche in Österreich. Von den fast 3 000 Hektar sind mehr als die Hälfte in Niederösterreich zu finden, die meisten im Waldviertel, wo es zugleich auch die ältesten Teichanlagen gibt. Da die Gewässer verhältnismäßig kühl sind, wachsen die Fische auch langsam, was der Qualität durchaus zuträglich ist.

Natürlich werden auch die sogenannten Nebenfische der Karpfenzucht wie Zander, Hecht, Schleie, Weißfische, Maräne und Amur vermarktet. Zahlreiche Teichwirtschaften produzieren hervorragende Fischqualität; um nur eine hervorzuheben, sei das Kinsky'sche Forstamt in Heidenreichstein genannt.

In Niederösterreich werden aber neben den Karpfen auch andere interessante Fische gezüchtet. Die Ybbstal Forelle ist beispielsweise aufgrund der gleichnamigen *Genuss Region* bekannt. Als eine Besonderheit aufgrund der guten Wasserverhältnisse wurde die Marke *Alpenlachs*© auf der Basis des Eismeersaiblings von Peter Brauchl gegründet, eine delikate wie diätetische Spezialität.

Ybbstal Forelle: Franz Rosenberger (Fischereibewirtschafter) beim Fliegenfischen im glasklaren Wasser der Ybbs.

Salzburg

Salzburgs Flüsse und Seen bargen schon immer herrliche Fischschätze. Erzbischof Johann II. von

Reisenberg kaufte anno 1438 mit dem Zeller See einen solchen Schatz. Die Fischrechte wurden als Lehen vergeben oder verkauft. Bereits im 14. Jahrhundert sollen so viele Reinanken darin gewesen sein, dass den Fischern nach dem Eigenverbrauch immer noch 27 000 Stück zur Ablieferung der Pacht übrig blieben. Die Reinanken wurden auch geräuchert gut verkauft.

Im Zeller See wurden Hechte aus dem Chiemsee eingesetzt, auch Weißfische, Schiedlinge (Mairenken) und Nasen setzte man ein. Um 1600 lag der Kaufpreis für Fischrechte am Zeller See in der Höhe des Preises für ein Bürgerhaus.

Am Irrsee war bis zur letzten Jahrhundertwende das Eisfischen angesagt. Gruppen von sechs Fischern zogen ein großes Zugnetz geschickt unter dem Eis und fingen so immerhin bis zu 100 Kilogramm Brachsen, Hechte, Saiblinge, Zander und Karpfen pro Zug, der allerdings bis zu vier Stunden dauern konnte.

Alte Privilegien erlaubten den Halleiner Salinenarbeitern das Fischen an der Albemündung in die Salzach, und zwar zur Sommersonnenwende nach Sonnenuntergang mit Fackelbeleuchtung und Zwei- bzw. Dreizacken.

Salzkammergut Reinanke: Nikolaus Höplinger in der Plätte beim Netzziehen am Wolfgangsee.

Vor rund 100 Jahren hat der damalige Landesfischereidirektor der k.u.k. Landwirtschafts-Gesellschaft Salzburg einen Fischereikataster für das Bundesland Salzburg erstellt. Demnach wurden im Jahr 1898 43 Arten von Fischen sowie Muscheln und Flusskrebse festgestellt. Dabei ist alles vertreten, was auch in unserer Süßwasserfischaufzählung vorkommt. Diese Fischvielfalt dürfte (ohne aktuell belegt zu sein) in den Salzburger Gewässern wohl immer noch herrschen. Fischzuchtbetriebe wie die Biofischzucht Krieg in Salzburg erzeugen hervorragenden heimischen Fisch im Salzburger Land. Die *Genuss Region Salzkammergut Reinanken* widmet sich einem ganz besonders köstlichen Fisch.

Steiermark

Fischfang ist in der Steiermark schon seit Jahrtausenden nachgewiesen und mit jungsteinzeitlichen Funden belegt. Angeln und Harpunen aus Knochen befinden sich im Universalmuseum Joanneum als einschlägige Zeugnisse. Später war wie in ganz Österreich auch in der Steiermark das Vorrecht zum Fischen den Adeligen und Klöstern vorbehalten. Die Untertanen wurden aber verpflichtet, Fischfang beziehungsweise Fischzucht in deren Auftrag auszuüben. Selbst fischen durfte man nicht, ausgenommen waren Kranke und Schwangere, und das auch nur in sehr eingeschränktem Maße. Im Donnersbacher Grundrecht aus dem 15. Jahrhundert sind dafür „ein bis zwei Fischerln" am Tag vorgesehen.

Trotz der Fischteiche von Klöstern und des reichlichen Vorkommens von Flusskrebsen und Fischen in den natürlichen Gewässern wurde in der strengen Fastenzeit die Versorgung mit Fischen knapp, und es musste dazugekauft werden. Rund 1 000 Hektar der Teichflächen Österreichs entfallen heute auf die Steiermark. Nach dem Zweiten Weltkrieg wurden insbesondere von der Familie Menzel bei Waldschach und in der Folge auch in anderen Teichwirtschaften der Weiße Amur (Graskarpfen) sowie der Silberkarpfen (Tolstolob) erfolgreich aus Asien in die Steiermark gebracht. Erträge bis 1000 Kilogramm pro Hektar sind möglich und erlaubt.

Frisch gefangener Karpfen mit Filets auf Eis; im Hintergrund der Apollo Teich in der *Genuss Region Steirisches Teichland – Karpfen.*

Erfolgreiche Teichwirtschaften wie zum Beispiel jene der Familie Holler auf Gut Hornegg bieten eine reiche Auswahl an Fischen in ihrer Verkaufsstelle an. Im SPOFIZE (Spontanfischzentrum) von Fischmeister Helfried Reimoser in Werndorf – er ist auch Geschäftsführer des Steirischen Teichwirteverbands – bekommt man sowohl frische, fachgerecht küchenfertig vorbereitete Fische als auch bereits zubereitete Fischspezialitäten. Und man kann dort auch selbst sein Petri Heil suchen und finden.

Sehr bekannt ist das steirische Ausseerland für seine Saiblinge. Eine traditionelle Zubereitungsart ist, sie zu räuchern. Dazu gibt es traditionell Oberskren und etwas Heißes zu trinken, einen „Lupitscher", eine Art Jagatee. Nicht nur so schmeckt der Saibling einzigartig. Eine uralte Tradition und Besonderheit des Ausseerlandes ist die sogenannte „Lechpartie", sozusagen das Erntedankfest der Fischer. „Lech" kommt von „laichen", zu diesem Zeitpunkt sind die Fische in Ufernähe leicht zu fangen.

Über die zahlreichen Angebote der Teichwirtschaften und Fischzuchtbetriebe darf man aber die rund 30 000 Fischkartenangler und fast 100 000 Tagesfischer in der Steiermark nicht vergessen.

Tirol

Auch in Tirol war die Fischerei dem Grundherrn vorbehalten. Allerdings war für den Eigenbedarf in manchen Orten den ansässigen Untertanen und Bergleuten das Fischen erlaubt. Schwangere durften mit einer Bettdecke im Achensee fischen, bis sich die findigen Frauen zusammenschlossen, die Bettdecken zusammenknüpften und somit bei gründlichen Fischzügen den Bogen überspannten. Das berichtet 1526 der Abt des Stiftes Georgenberg.

Kaiser Maximilian I., selbst begeisterter Jäger und Fischer, suchte sein Petri Heil im Achensee „zu Notdurft seiner Kuchl". 1504 schrieb er auch das Fischereibuch von Tirol und Görz. Aus diesem beziehungsweise aus seiner unvollständigen Biografie des „Weißkunig" stammt die nebenstehende Zeichnung des Kaisers beim Fischen.

Im gebirgigen Tirol wurden Fische oft nicht geschätzt, so kommt Fisch bei Maria Lang-Reitstätter 1933 nicht einmal in der Fastenküche

Kaiser Maximilian I. beim Fischen, aus dem Weißkunig, Anfang 16. Jahrhundert.

vor. Und dennoch gaben sich verbotenerweise aus Hungergründen so manche junge und ältere Männer entlang des Inn dem „Dolmenstechen" auf Koppen hin, dem Fischfang mit einer zweizinkigen, scharfen Gabel. In Sillian besaßen dazumal auch nur der Holzhändler und der Wirt das Fischereirecht. Fischkost war beispielsweise in Hall Bürgerkost. In einem bürgerlichen Kochbuch des 16. Jahrhunderts finden sich auch zahlreiche Fischgerichte. Und die zarten Forchen – Forellen – wären sowieso nur für die fürstliche Tafel bestimmt, liest man in Berichten dieser Zeit. In Tirol gibt es ca. 400 bewirtschaftete Fischereireviere und an die 60 mehrheitlich kleinere Fischzuchtanlagen. Wenngleich seit Jahrhunderten von allen Fischarten in Tirol berichtet wird, so sind doch heute vornehmlich Salmoniden wie Forellen und Saiblinge die meistgezüchteten Arten.

An den stehenden beziehungsweise den langsam fließenden Gewässern vor allem im Tiroler Unterland werden hauptsächlich Hecht, Barsch, Schleie, Reinanke, Zander, Karpfen und Aalrutte geangelt. Zahlreiche Fischereivereine organisieren das Befischen durch Sportangler.

Vorarlberg

Am Bodensee ist seit der Frühgeschichte Besiedlung nachweisbar. In jungsteinzeitlichen Pfahlbauten lebten die ersten Anwohner am See, und man darf gesichert davon ausgehen, dass die Fischerei einen Teil ihrer Nahrungsbeschaffung darstellte. Kaum ein Fangwerkzeug hat sich seit dieser Zeit so wenig verändert wie das Fischernetz. In vielen Bodensee-Museen wird das mit zahlreichen Gegenständen zur Fischerei auch bezeugt. So ist und bleibt der Bodensee das Zentrum der berufsmäßigen Fischerei und der Sportfischerei.

Die fließenden und stehenden Gewässer von Vorarlberg sind in insgesamt 135 Fischereireviere gegliedert und werden ausschließlich von etwa 10 000 aktiven Angelfischern bewirtschaftet.

Fische und Flusskrebse dürfen nur ausgesetzt werden, wenn dies der Erhaltung, Schaffung und Wiederherstellung eines standortgerechten, artenreichen und gesunden Fischbestandes nicht zuwiderläuft.

In der Fischerei in Vorarlberg dominieren die Forellen ganz klar die Fänge, und zwar Bachforellen in den Fließgewässern und Regenbogenforellen in den Angelteichen und Stauseen. Die Äschenbestände sind im gesamten Bundesland stark zurückgegangen. Im Bodensee leben insgesamt etwa 34 verschiedene Fischarten, davon gelten 29 als heimisch, die übrigen wie der Kaulbarsch, die Regenbogenforelle, aber auch der Zander wurden eingebürgert. Am österreichischen Bodensee-Ufer sind die wichtigsten Fischarten Felchen, Barsch, Seeforelle, Hecht und Zander.

Fischereiberechtigt auf der Halde, also dem Uferbereich, sind die Bodensee-Gemeinden Gaißau, Höchst, Fußach und Hard. Diese haben das Fischrecht an Berufsfischer und wenige große Fischereivereine verpachtet. Das Hoheitsgebiet der Anrainerstaaten am Bodensee endet in 25 Metern Tiefe. Bei der sogenannten „Hohen See“ handelt es sich um internationales Gewässer, wo die Fischerei grundsätzlich überall von allen Anrainerstaaten gemeinsam betrieben wird.

Blick vom Pfänder auf den Bodensee.

Die Vorarlberger Berufsfischer landen hauptsächlich Felchen an, gefolgt von Barsch, Weißfischen, Hecht, Zander und Aal. Der Bestand an Seeforellen, der Mitte der 1980er-Jahre bedrohlich niedrig war, hat sich so weit erholt, dass Seeforellen jetzt auch wieder gefangen werden dürfen. Auch der Bestand an Seesaiblingen nimmt derzeit deutlich zu.

Wien

An den größeren Fischgewässern in Österreich war der Fischfang und Fischhandel wohl organisiert, einerseits durch Fischer-Zünfte und -Genossenschaften, andererseits durch Fischhändler, die an ganz bestimmten Plätzen ihre Fische verkauften. Zahlreiche Straßen- und Platznamen erinnern noch heute daran.

Schon Mitte des 18. Jahrhunderts befanden sich Fischverkaufsstände vor der Bastei am Ufer des Wiener Kanals (des Donauarms, später Donaukanal). Sie standen in der Nähe des Fischertors.

Fischmarkt vor der Neutorbastei im 19. Jahrhundert.

1753 kamen die abgesiedelten Stände vom Hohen Markt dazu, 1768 dann auch der Fischmarkt am Hof. Anfang des 19. Jahrhunderts dehnte sich der Fischmarkt bereits bis zum Neutor aus, wie eine Darstellung vom regen Treiben auf dem Fischmarkt vor der Neutorbastei belegt. 1858 wurden die Fischstände auf die Kairampe verlegt, mussten aber wegen Bauarbeiten 1899 wieder entfernt werden. Die Genossenschaft der Fischhändler errichtete daraufhin neue Verkaufsstände in der Nähe der heutigen Salztorbrücke.

1903 beschloss der Wiener Gemeinderat, aus Hygienegründen einen zentralen Fischmarkt (Franz-Josefs-Kai) zu errichten, der 1904 eröffnet wurde. 25 Fischarten kamen im Wiener Donaukanal zwischen Nussdorfer Sporn und Ostbahnbrücke vor. Hecht, Zander, Brasse, Wels, Forelle – hier gab es fast alles. Der Magistrat Wien hat bis heute die Aufgabe, die Fischwässer künstlicher Gerinne, Altwässer und Ausstände, die mit den Fischwässern in Verbindung stehen, in Fischereireviere einzuteilen. Mit der Gestaltung der Donauinsel ergaben sich ab 1976 neben den klassischen Fischereigebieten Wiens neue Möglichkeiten. An der Alten Donau, an der Donau, in der Freudenau, der Lobau, am Mühlwasser und am Steinsee gibt es bekannte Fischwasser.

Die historische Süßwasserfisch-Küche

Die schriftlichen Aufzeichnungen von Fischgerichten beginnen schon im alten Rom mit dem Kochbuch des Apicius. Darin findet man neben Fischgerichten vor allem Rezepte für Saucen zu Fisch. Ab dem Mittelalter gibt es Niederschriften von Rezeptsammlungen und später auch gedruckte Kochbücher.

Die meisten Fischgerichte (wobei Karpfen eine wichtige Rolle spielten) sind hauptsächlich unter den Fastenspeisen zu finden. Die Fastenzeit wurde früher sehr streng eingehalten. Gasthöfe durften Fleisch bis zur Mitte des 18. Jahrhunderts an Fasttagen nur an Offiziere, „unkatholische" Personen oder an Katholiken mit Ausnahmegenehmigung abgeben, jedoch nicht im allgemeinen Speiseraum, sondern nur in privaten oder Extraräumen. Und Dienstboten mussten zum Teil am Abend des Faschingsdienstags Messer und Gabel abgeben, weil bis Ostersonntag kein Fleisch gegessen werden durfte. Die zahlreichen Fasttage verpflichteten also die gläubigen Christen zum Verzicht auf Fleisch, nicht einmal Rindsuppe war erlaubt. Dafür wurden aber Tiere zu den „Fischen" gezählt, die heutzutage nicht mehr als solche durchgehen würden: Biber, Fischotter, Tauchenten, Fischreiher oder Rohrhühner, weil sie ja auch vornehmlich im oder am Wasser leben, genauso aber auch Frösche, Schnecken und Schildkröten. Bis in das 19. Jahrhundert waren also die Kapitel in Kochbüchern, die mit „In der Fasten zu machen" oder ähnlich übertitelt waren, entsprechend groß. Besonders die Klosterküchen waren wahre Meister darin, Fastenspeisen alles andere als karg zu gestalten.

Meer- und Süsswasser-Fische, aus: Katharina Prato, „Die süddeutsche Küche", 61. Auflage, 1919.

1. Forelle. 2. Huchen. 3. Karpfen. 4. Hecht. 5. Aal. 6. Rutte (Aalraupe, Quappe). 7. Zander (Schill, Fogosch, Hechtbarsch). 8. Äsche (Asch). 9. Waller (Wels). 10. Scombro (gemeine Makrele). 11. Sepa (Tintenfisch). 12. Branzin (Seebarsch). 13. Dental (Zahnbrasse). 14. Orade (Goldbrasse). 15. Ribon (Rotbrasse). 16. Rombo (Steinbutte). 17. Sfoglio (Butte, Plattfisch). 18. Merluzzo (Hechtdorsch, Kabeljau). 19. Merlan (Weißling).

Viele alte Fischrezepte werden als „österreichisch" ausgewiesen, zum Beispiel im *Neuen Lexikon der französischen, sächsischen, österreichischen und böhmischen Kochkunst* von 1785. Sie waren neben Fischrezepten nach jüdischer, tirolischer, welscher oder böhmischer Art die zahlreichsten. Die Universitätsbibliotheken Graz, Salzburg und Linz haben Kochbuchplattformen im Internet eingerichtet, wo man historische Kochbuchliteratur und zahlreiche Informationen findet. Die Adressen finden sich im Quellenverzeichnis auf Seite 235.

Burgenland

Im 17. Jahrhundert ließen die Grafen von Forchtenstein in Pöttsching einen Fischteich anlegen. Dieser traditionsreiche Teich ist heute noch Namensgeber für Fischgerichte. Das folgende Rezept war jedoch bereits im 15. Jahrhundert bekannt, Christoph Wagner hat es in seinem *Esterházy Kochbuch* aufgezeichnet:

Pöttschinger Saibling

Zutaten: 4 küchenfertige Saiblinge (im Ganzen à ca. 250 g), Salz und Pfeffer, Öl und Butter, 1 l leichter Rotwein, 2 EL Honig, 1 Zimtstange, Gewürznelken, abgeriebene Schale von ½ Zitrone, Mehl, je 2 EL Pinienkerne und Rosinen, 4 Portionen Polentaschnitten, angebraten.

Zubereitung: Die gesalzenen und gepfefferten Saiblinge in einer Butter-Öl-Mischung leicht anbraten. Mit ¾ des Weines aufgießen, Honig, Zimt, Gewürznelken und Zitronenabrieb dazugeben und warm halten. Den restlichen Wein mit etwas Mehl verrühren, Pinienkerne und die Rosinen zufügen und ca. 10 Minuten leicht köcheln lassen, bis die Fische gar sind. Zimt und Gewürznelken herausnehmen und den Fisch mit der Sauce und den gebratenen Polentaschnitten anrichten.

1859 soll ein Fischer drei Herren verbotenerweise während des Gottesdienstes über den Neusiedler See gebracht haben. Davor gab es aber noch „die beliebte, mit Lorbeerblättern und Zwiebeln abgekochte Fischsuppe, ein Festtagsgericht der ungarischen Fischer, und eine Schüssel voll gebratener Seehechte". Am Neusiedler See war es angeblich üblich, am Heiligen Abend eine Fischbeuschelsuppe mit Eiern und Bohnen zu essen. Im Burgenland sind natürlich auch ungarisch beeinflusste Fischgerichte geläufig wie ein Fischpaprikasch oder ein Fischgulasch. Und selbstverständlich finden sich hier seit mindestens 50 Jahren zahlreiche Aalgerichte.

Kärnten

Paolo Santonino bereiste mit dem Bischof von Caorle im 15. Jahrhundert auch Kärnten, wo ihnen in Rosegg unter anderem ein Fischaspik vorgesetzt wurde. Hier meine Version:

Einfaches Fischaspik

Zutaten: 4 ganze Forellen, filetiert und in Streifen geschnitten; Karkassen der Forellen
Fischsud: Karkassen, 1,5 l Wasser, 3–4 EL Essig, 1 Zwiebel, in Ringe geschnitten, ½ TL Pfefferkörner, 2 Lorbeerblätter, ½ Bd. Petersilie fein gehackt, Salz, ¼ l Weißwein und 12 Blatt Gelatine

Zubereitung: Für den Sud alle Zutaten bis auf Weißwein und Gelatine kurz aufkochen lassen. Die Fischstücke in den noch leicht wallenden Sud geben und etwa eine Viertelstunde ziehen lassen. Herausnehmen und in einer passenden Form verteilen. Den Wein hinzugeben und die eingeweichte und ausgedrückte Gelatine im Sud auflösen. Noch warm über die Fischstreifen gießen und Aspik fest werden lassen. In Scheiben schneiden, garnieren und mit Gebäck servieren.

Der Fischreichtum des Millstätter Sees in Kärnten war immer schon sehr begehrt. So haben sich die Benediktinermönche des Stiftes Millstatt vom Papst schon im Jahr 1177 die Fischweid in Döbriach zusichern lassen. In Berichten des Jahres 1450 wird erwähnt, dass in Seeboden und Millstatt mehrere Fischer ansässig waren, die für den Grundherrn das Fischereirecht wahrnahmen. Kaiser Friedrich III. ließ sich dafür vierteljährlich 50 Seeforellen an den Hof liefern.

Bis heute ist die Erwerbsfischerei ein wesentlicher Wirtschaftszweig. Am Millstätter See haben sich in jüngster Zeit einige beherzte Fischfreunde mit dem Thema „Wildfisch“ beschäftigt. Seefische wie Reinanke, Wels, Hecht, Schleie und Barsch werden aber nicht gezüchtet, sondern können natürlich wachsen. Diese festfleischigen Fische kommen in den besten Restaurants des Landes unter der Marke *Wilder Fisch* frisch auf den Tisch. Viele Rezepte aus diesem Buch können Sie mit diesen Fischen hervorragend zubereiten.

Eine zweite Kärntner Fischspezialität ist der *Kärntna Låxn*, eine Seeforelle, die mittlerweile namensgebend für eine *Genuss Region* ist und einen hervorragenden Speisefisch liefert. Alle Rezepte mit Seeforelle, Lachsforelle oder *Alpenlachs*© eigen sich natürlich auch für den *Kärntna Låxn*.

Niederösterreich

Bereits früh gab es in Niederösterreich „Fischfeste“, weil man ja bestimmte Fangzeiten beachten musste. Diese waren meist mit der Abgabe der Zinsfische gekoppelt. Die ursprünglich als Fischkalter angelegten kleinen Teiche entwickelten sich bald zu regelrechten Teichwirtschaften. Entlang der niederösterreichischen Fischgewässer hat sich eine alte Fischküche bewahrt, die später in Gaststätten fortgesetzt wurde. Der Hecht wurde sogar bis Wien transportiert, wobei der Fisch auf dem Weg durch Zwischenwässerungen frisch gehalten wurde. Forellen waren

Hechten in Schwämmerl-Suppen

Ein barockes Fischrezept aus den Aufzeichnungen des Klosters Admont

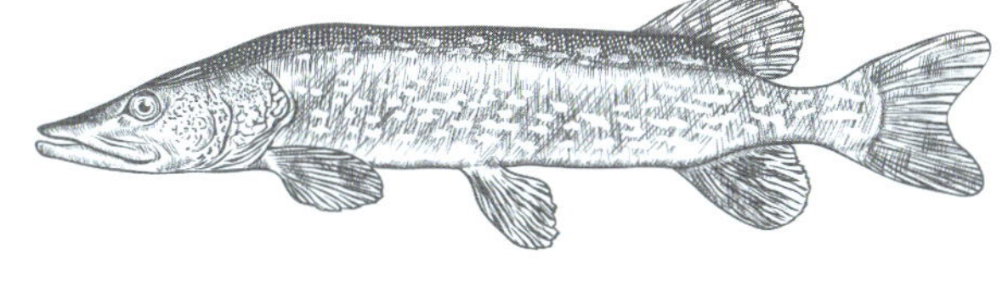

Der Hechten wird geschuppt, und zu Stückln zerhackt, frisch abgesotten, nihm Schwammerl, oder Bilsling, in Erbsen gesotten, die Brüh nihm hernach zu der Suppen; die Schwammerl aus dem heissen Wasser etlichmal gewaschen, dass der Sand wegkommt, hacke es schön klein, nihm auch darunter ausgelöste Sardellen, Capri, Lemoni-Schäler, und grünen Petersil, röste es in Butter, nihm gute Erbsenbrühe, die andere Suppen auch dazu, gewürzt, und Milchram über den Fisch angericht.

aber ebenfalls hoch begehrt. Große Exemplare des Hausen wurden als „Verehrungen" insbesondere vornehmen Herrschaften aufgetischt. Reinanken, Schied (Rapfen) und Nasen wurden im 17. Jahrhundert ebenfalls zu den Edelfischen gezählt. In Niederösterreich waren Gerichte mit Barben, Pfrillen (Elritzen) und Schrätzen beliebt. Diese Fische finden sich heutzutage aber kaum mehr in Rezepten. In der Barockzeit machte die Völlerei auch vor Totenmahlen keinen Halt, obwohl Abraham a Sancta Clara die Maßlosigkeit insgesamt anprangerte und meinte, dass jedes Getier letztlich im Kochtopf landet, „außer der Krokodil, den kann fressen wer da will". Von einer „Töttenzehrung" im Jahr 1716 wird aus Traismauer berichtet, dass es – da es ein Fasttag war – zwar Fisch gab, das aber reichlich: „10 ½ Pfund Karpfen, 6 Pfund Aeldlfisch, 3 ½ Pfund Aesch und Wäxfisch und noch weitere 15 Pfund andere Fische".

Oberösterreich

Der Weihnachtskarpfen wurde hier erst nach dem Ersten Weltkrieg gebräuchlich, wiewohl schon 1688 der Fisch als Weihnachtsspeise in der „Saxener Speisenordnung“ erwähnt wurde. Die „Fischkost“ in Linz war überregional berühmt. So kann man in einem Pariser Führer aus dem Jahr 1805 lesen, dass in Linz 66 Fischarten zu haben seien und überhaupt Fischreichtum in Oberösterreich herrsche. In Linz hatte man eine eigene Fischwaage und auch Fischkalter, in denen nicht nur der heimische Fisch, sondern beispielsweise auch Karpfen aus Böhmen frisch gehalten wurden. Fischhändler boten, so wird um 1750 berichtet, rund ein Dutzend Fischarten an. Die Kleriker und Bürger hatten also genügend Fische zur Auswahl. 1911 übersiedelte der Fischmarkt, der von den Berufsfischern versorgt wurde, vom Linzer Hauptplatz zum Brückenkopf, 1938 zum Pfarrplatz und 1950 zum Südbahnhof. Im *Neuen und bewährten Kochbuch*, das 1827 in Linz herausgegeben wurde, finden wir unter anderem auch folgendes Rezept:

Suppe über einen Schaiden

Nimm gewässerten Schaiden, lasse ihn in einem Wasser sieden, mache eine gute Limoniebrühe darüber, lasse ihn in der Brühe auf eine Schüssel noch einen Sud Thun, und lege Butter dazu; ehe du ihn auf den Tisch gibst, so streue Limonisschälerl darauf.

Salzburg

Dass in Salzburger Bürger- und Herrenhäusern Fisch beliebt war, bestätigt uns ein Blick in das *Neue Saltzburgische Kochbuch* des Conrad

Hagger von 1719. Darin findet man rund 500 Fischrezepte (von insgesamt über 2500 Rezepten), die zahlreichen Fischsuppen gar nicht mitgerechnet. Am ausführlichsten behandelt wurde der dazumal vornehmste und vor allem noch reichlich vorkommende Hausen. Er wurde wie viele andere Fische aus den Flüssen gefangen, aus den Seen wurden auch Karpfen geholt und einfallsreich für den Esstisch zubereitet. Alle Teile des Fisches wurden verwendet, vom Kopf bis zum Schwanz, von der Leber bis zum Rogen. Verfeinert wurden die Fische vor allem mit unterschiedlichsten Saucen: Orangen-, Sardellen-, Zwiebel-, Kren-, Kapern-, Senf-, Wacholder-, Knoblauch- oder Rahmsauce finden sich als Aromageber zu Fischgerichten.

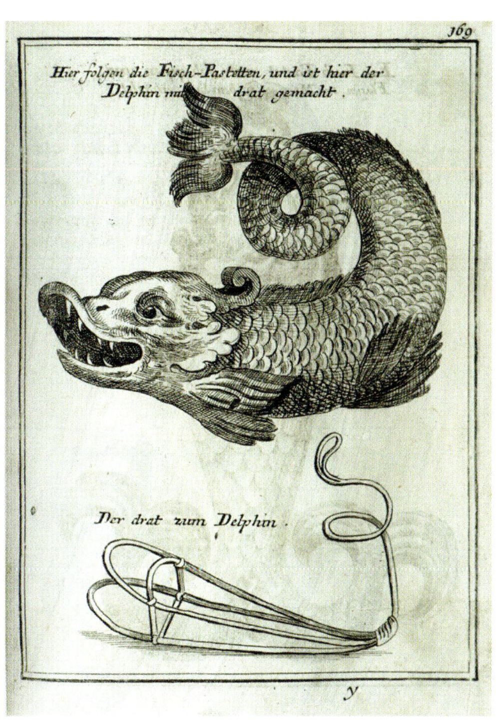

Seite aus dem *Neuen Saltzburgischen Kochbuch* des Conrad Hagger, 1719. „Hier folgen die Fisch-Pastette, und ist hier der Delphin mit drat gemacht."

Ein adaptiertes Rezept von Hagger lautet:

Fisch in Zwiebelsauce

Zutaten: 1 kg Fisch, Salz und Pfeffer, Butter, 1 Zwiebel, 1 Knoblauchzehe, 125 ml Weißwein, Ingwer, Gewürznelken, Muskat

Zubereitung: Den in Stücke geschnittenen Fisch salzen und pfeffern, in Butter anbraten, zur Seite stellen und warm halten. Fein gehackte Zwiebel und Knoblauch ebenfalls anbräunen, mit Wasser und Wein ablöschen und die restlichen Gewürze dazugegeben. Aufkochen lassen, abschmecken und abseihen. Die Sauce wird zum fertigen Fisch angerichtet.

Tirol

Schon vor der sprichwörtlichen „Wiener Küche" gab es bereits dezidiert eine „Tiroler Küche". Ausschlaggebend war sicherlich das Kochbuch der Philippine Welser, die damit eine der ersten heimischen Provinzküchen etablierte. Andererseits waren jedoch die reichen Tiroler Adeligen und ihre Handelsbeziehungen verantwortlich für die Verbreitung und Bekanntheit der „Tiroler Küche". Wenn man das Rezept laut liest, kann man es auch recht gut verstehen, das

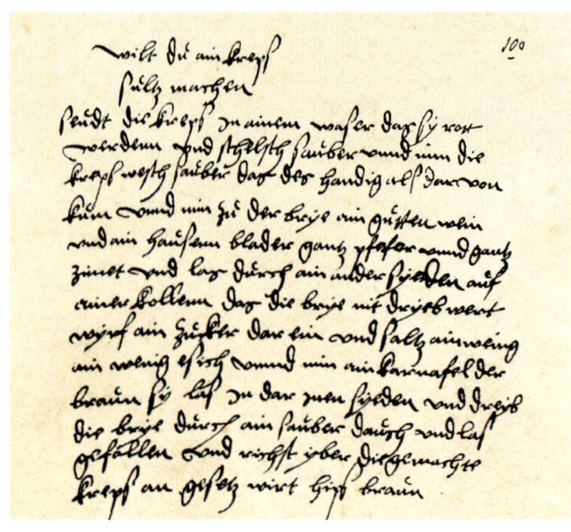

wilt du ain krebs 100
sultz machen
seudt die krebs in ainem wasser das sy rot
werden und schels sauber und nim die
krebs wesch sauber das der handig als dar von
kum und nim zu der brie ain gutten wein
und ain sauren blader ganz pfeffer und ganz
zimet und las durch ain ander sieden auf
ainer kollen das die brie nit dick werd
wirf ain zucker dar ein und salz ain weing
ain wenig essig und nim ain bornafel der
braun sie las in dar zu mit sieden und treib
die brie durch ain sauber tuch und las
gefallen und wirf iber die gemachte
krebs an gesetz wirt sy braun

Krebsensulz, Kochbuch der Philippine Welser.

Nachkochen wird dennoch schwierig, weil man früher keine Mengenangaben machte und auch keine Koch- oder Backzeiten angab.

Krebsensulz aus dem Kochbuch der Philippine Welser (1527–1580)

Wilt du ain kreps Sultz machen
seudt die kreps jn ainem waser das sy rott
werdenn vnd schels sauber vnnd nim die
kreps wesch sauber das des handlig als dar von
kum vnnd nim zu der brye ain gutten wein
vnd ain hausenn blader gantz pfefer vnnd gantz
zimet vnd las durch ain ander syedn auf
ainer kollenn das die brye nit dryeb wert
wyrf ain zucker dar ein vnd saltz ain wenig
ain wenig esich vnnd nim ain karanfel der
braun sy las jn dar jnen syeden vnd dreyb
die brye durch ain sauber dauch vnd las
gefallen vnd richst yber die gemachte
kreps an gesetz wirt hips braun

Steiermark

Das allererste österreichische Kochbuch wurde in Graz gedruckt: Im *Koch- und Artzney-Buch* aus dem Jahr 1686 kann man in der Abteilung „Allerley Speysen von Fisch" 25 Rezepte zu Hecht, Schaiden (Wels), Aal, Rutten, Saibling, Forelle und Huchen finden. Zubereitet mit vielen Kräutern und Gewürzen, die auf eine herrschaftliche Küche schließen lassen, und variierend bezüglich der Garmethoden: blau oder in Erbsensuppe gekocht, gebraten, gebacken, eingemacht oder gedämpft. 1790, rund 100 Jahre später, erschien ebenfalls in Graz das *Grätzerische Kochbuch*. Dessen Inhalt wuchs in zwölf Auflagen – innerhalb von 28 Jahren – von 490 auf 866 Rezepte an, die Rezepte wurden immer geordneter, und rund 50 Fischrezepte finden sich darin. Von Dr. Hans Zotter, vormals Universitätsbibliothek Graz, war zu erfahren, dass der Autor J. M., wie er im Buch genannt ist, Jacob Melin, ein wohl herrschaftlicher Koch mit Schwerpunkt

Zuckerbäckerei war. Er hat vieles abgeschrieben, wie auch sein Buch letztlich zahlreiche Abschreiber fand. Das historische Fischrezept liest sich im *Grätzerischen Kochbuch* so:

Hechtel-Köchel zu machen

Man soll das Hechtel am Rucken aufthun / das Ingeweid herauß / und es von einander thun / einsaltzen / und es her nach auff einen Rost legen / dar nach soll man Butter nemmen / auch Essig und Gewürz / den Butter im Essig zergehen lassen/ und Rosmarin-Stäudel darein legen / das Hechtel offt damit bestreichen biß er gebraten ist / dar nach die übrige Suppen darauff giessen / und also auff den Tisch geben.

Als dritter kulinarischer Meilenstein ist aus Graz das Erscheinen der *Süddeutschen Küche* von Katharina Prato zu nennen. Vom ersten Druck 1858 bis zur 79. Auflage im Jahr 1939 wurde von diesem Bestseller nahezu eine halbe Million Exemplare verkauft. Und noch heute reüssieren Bearbeitungen der „Prato" im Buchhandel. Ein Rezept aus *Die Süddeutsche Küche*, 7. Auflage, 1870, lautet folgendermaßen:

Gebratene Forellen in Papier

Die Forellen schüppet man, machet sie auf, und salzet solche ein, dann bratet man sie auf dem Rost ganz saftig, läßt sie kalt werden, richtet sie in ein geschmiertes Papier mit Gewürz, Kräutel und Limonie ein; man leget sie auf den Rost, bratet sie langsam, dass sie recht gemach mit dem Gewürz ausdünsten. Man gibt sie auf dem Papier auf die Tafel.

Anlässlich der Grazer Frühjahrsmesse 1951 legten die Grazer Stadtwerke ein hektografiertes Rezeptheftchen auf, das ein Rezept zu Fischrouladen enthielt. Die Fischfilets wurden mit Kapern, Speck, Zitronensaft und ausgedrückten

Semmeln gefüllt. Bei einem Hochzeitsmenü im Jahr 1931 wurde im Grand Hotel Wiesler in Graz als zweiter Gang serviert: Gebirgsforelle blau, Kartoffel, Sauce Hollandaise und dazu Burgunder Auslese.

Hochzeitsmenükarte 1931.

Wien

Bevor die Küche Wiens zur Wiener Küche wurde, setzte sich die österreichische Küche in der Residenzstadt aus zahlreichen Einflüssen zusammen. Verstärkt wurden diese Einflüsse vor allem in der Donaumonarchie durch die nationalen Küchen des Vielvölkerstaates. Ab dem Ende des 18. Jahrhunderts setzte sich mehr und mehr die Bezeichnung „Wiener Küche" anstatt österreichische Küche durch, die neue Bezeichnung blieb aber weiter ein Synonym für die gesamte österreichische Kulinarik. In der Nationalbibliothek befindet sich das wohl älteste Zeugnis der österreichischen Kochgeschichte, das *Dorotheen-Kloster-Kochbuch* aus dem 15. Jahrhundert. Eine annähernd gleich alte handschriftliche Rezepte-Sammlung findet sich auch in der Rara-Abteilung der Universitätsbibliothek Graz. Eine beliebte Speise darin war ein Fisch in Form eines Rehrückens. Viele Rezepte in dieser Sammlung finden sich fast wortgleich in älteren und auch jüngeren Kochbüchern. Hans Sachs stimmte schon im 16. Jahrhundert auf die Wiener Küche an:

„Nun diese Stat, volkreich vür war,
doch kumbt überflüssigerweis
täglich darein allerlei Speis
an korn, weizen, prot, flaisch und visch,
Krebs, air, vogel und wildpret frisch.“

In der Monarchie war vor allem der Einfluss der böhmischen Küche – Karpfen, Knödel und insbesondere Mehlspeisen – und der ungarischen Küche – Gulasch und Paprika – sehr stark und wurde in die Wiener Küche integriert, was in zahlreichen Kochbüchern ab dem Anfang des 19. Jahrhunderts bis in unsere Tage auch dokumentiert ist. Oft wurden Fastenspeisen (in der Regel Fischspeisen) so zubereitet und geformt, dass sie wie Fleischspeisen aussahen. Ein solches Rezept ist aus dem historischen Wien überliefert. Franz Maier-Bruck hat das in seinem Buch *Vom Essen auf dem Lande* beschrieben:

Paulaner Würste

Zutaten: 800 g Hecht oder Zander, 3 Semmeln (in Milch eingeweicht), 1 Zwiebel (fein geschnitten), 80 g Butter, 3 Eier (1 mit Wasser und 1 TL Öl verschlagen), Semmelbrösel, Muskatnuss, Majoran, Salz und Pfeffer.

Zubereitung: Das ausgelöste, enthäutete, entgrätete Fischfleisch mit den ausgedrückten Semmeln fein faschieren. Zwiebel in Butter anschwitzen und mit der faschierten Masse sowie Salz, Pfeffer, je einer Prise Muskatnuss und Majoran, Eiern und der nötigen Menge Brösel zu einer festen Farce verrühren. Dann daumendicke Würste rollen und ca. 10 cm lange Stücke abschneiden. Diese Würstchen in das verschlagene Ei eintauchen und in Bröseln panieren. Die so vorbereiteten Würste dann in heißem Öl goldbraun backen und mit Erdäpfelsalat servieren.

Ein Fischrezept aus dem *Neuesten Universal- oder: Großen Wiener-Kochbuch* der Anna Dorn, 1827:

Hausen zu dünsten

Man wasche ein schönes Stück Hausen sauber aus, reibe es mit Salz ein, und lege es in eine Casserolle mit Butter, Semmelbröseln, Wein und Gewürz. Man lasse ihn auf der Gluth gähe dünsten, gebe etwas Limonischalen und grüne Petersilie dazu, richte ihn auf die Schüssel mit Milchrahm und Kapern darüber an, und lasse ihn, ehe er zur Tafel kommt, noch einen Sud aufthun.

Vorarlberg

Vorarlbergs Fischreichtum kommt einerseits aus dem Bodensee mit seinen zahlreichen Fischarten, kulinarisch besonders interessant sind die Felchen (Reinanken). Im übrigen Bundesland dreht sich fast alles um die Forellen. Im Ländle konzentriert man sich aber auch auf den Käse, und so ist es nicht verwunderlich, dass kombinierte Rezepte zu finden sind, wie zum Beispiel im *Käsbüächle* der Bregenzerwälder Käsestraße:

Mit Käsehaube überbackenes Zanderfilet an Blattsalaten

Zutaten: 180 g Zanderfilet, 80 g geriebener Käse, 1 EL Mehl, 1 Ei, 1 Eigelb, Wurzelgemüsestreifen und Paprikapulver

Zubereitung: Das Zanderfilet in 3 Stücke teilen, in Mehl wenden und in Butter leicht anbraten. Wurzelgemüse schneiden und ebenfalls in Butter kurz anschwitzen, abkühlen lassen, würzen. Käse-Ei-Mischung mit Mehl leicht binden. Fischfilet mit Wurzelgemüse belegen, Käse-Ei-Mischung darüber gießen, mit Paprikapulver bestreuen und im Backofen bei 180 °C ca. 10 Minuten überbacken. Als Beilage passt knackiger Blattsalat.

Die heimischen Süßwasserfisch-Arten und Schalentiere

KARPFENFISCHE

Bei uns vorkommende Karpfenartige sind vor allem Barbe, Karpfen, Aitel, Rotauge, Elritze, Brachse, Nase, Rapfen und Blaunase, die auch für Sportangler interessant sind.

Weniger gefragt bei Anglern sind Rotfeder, Seelaube, Hasel, Karausche und Giebel, wobei gerade Letzterer trotz der vielen Gräten ein guter Speisefisch ist. Für den kulinarischen Genuss sind von den Karpfenartigen besonders die folgenden hervorzuheben:

Der Karpfen *Cyprinus carpio*

Der Karpfen ist der klassische Vertreter der größten Familie der heimischen Fische, nämlich der Karpfenartigen oder Cypriniden. War man lange der Überzeugung, dass der Karpfen aus den Warmwassergebieten Asiens stammt, weiß man inzwischen, dass es sich beim Teichkarpfen um eine Entwicklung des eigenständigen Donauwildkarpfens handelt.

Der Karpfen ist der bedeutendste europäische Süßwasserfisch. Er lebt heute in Zuchtformen wie Leder- oder Spiegelkarpfen in Flüssen, Teichen und Seen und als Wildkarpfen in Flüssen wie etwa der Donau.
Außer bei der Stammform ist je nach Züchtung der Körper mehr oder weniger hochrückig und seitlich ein wenig abgeflacht. Zuchtformen sind Schuppenkarpfen, Spiegelkarpfen, Lederkarpfen (Nacktkarpfen) oder der Zeilkarpfen. Die Koi sind bunte Zuchtformen aus Japan, die als Zierfische gehalten werden.

In der Küche

Der traditionelle Fisch der österreichischen Küche hat nicht nur zu Weihnachten Saison. Die allgemein verbreitete Meinung, dass man Karpfen nur in den Wintermonaten essen könne, ist nicht richtig, Karpfen schmeckt auch in den übrigen Jahreszeiten. Er kommt als ganzer Fisch, in kleinen Stücken in Teig gebacken, gegrillt, in der Suppe oder als Pastete auf den Tisch. Die Vielfalt und Beliebtheit wird zwar durch die zahlreichen Gräten beeinträchtigt, aber Helfried Reimoser, Teichwirt und Geschäftsführer des steirischen Teichwirteverbands hat ja zum Glück eine „Schröpfmaschine" erfunden. Diese schneidet das Karpfenfilet alle 4–5 mm bis knapp zur Haut ein, das Filet bleibt ganz, aber dadurch sind die kurzen Grätenteile beim Essen nicht mehr spürbar.

Der Weiße Amur

Gras- od. Amurkarpfen, *Ctenopharyngodon idella* (VAL.)

Der Amur wurde Anfang der Siebzigerjahre aus dem Fernen Osten eingeführt. Der Körper ist

Die meisten der heimischen Fische sind (wenn nicht anders angegeben) „Portionsfische" mit einem Gewicht von ca. 250–300 g.

Karpfenartige Portionsfische:
Aitel, Barbe, Karausche, Schied, Rotauge, Rotfeder, Schleie

Forellenartige Portionsfische:
Bach- und Regenbogenforelle, Bachsaibling, Reinanke (Maräne, Felchen), Äsche

Andere Portionsfische:
Barsch und fallweise Zander

Größere Fische, die im Ganzen oder als Filets bzw. Steaks zubereitet werden:
Karpfenartige: Karpfen, Amur, Weißer Amur, Silberamur, Brachsen
Forellenartige: Seeforelle, Seesaibling, Huchen, Lachsforelle, Alpenlachs©
Weiters: Zander, Hecht, Quappe (Trüsche), Stör, Aal, Wels

Meist mehrere Tiere für eine Portion:
Teichmuschel und Edelkrebs

lang gestreckt und eher rundlich, das Maul geringfügig unterständig.
Der verwandte Silberamur (Silberkarpfen, Tolstolob, *Hypophthalmichthys molitrix*) ernährt sich von Plankton und weist 89 % ungesättigte Fettsäuren auf. Er wird weltweit am häufigsten gezüchtet, vor allem in Asien. In der Steiermark wird er als Styriamur vermarktet.

In der Küche

Der Amur, der eingebürgerte Fisch in heimischen Teichen, ernährt sich vorwiegend vegetarisch, und das merkt man auch am kräuterartigen Geschmack. Die Zubereitungsvielfalt teilt er mit seinen Karpfen-Verwandten.

Die Schleie

Tinca tinca (L.)

Die Schleie, dunkel bis olivgrün gefärbt, häufig mit einem goldenen Schimmer, gehört zwar zu den Karpfenartigen, unterscheidet sich aber recht deutlich von diesen.

In der Küche

Die Schleie ist nicht so bekannt wie der Karpfen, aus deren Familie sie stammt, ist aber ein sehr guter Speisefisch. Gedünstet, gebraten oder blau – fast alles ist möglich.

WEISSFISCHE

Der Begriff „Weißfisch" ist keine Artbezeichnung im biologischen Sinn, sondern eine volkstümliche Zusammenfassung von verschiedenen Karpfenartigen (*Cyprinidae*), die eine silber- bzw. metallfarbene Grundfärbung aufweisen, ähnliche Lebensräume haben und auch sonst häufig verwechselt werden. Zu den Weißfischen gehören unter anderen Aitel (Döbel, Eitel, Alet), Aland, Barbe, Brachse (Brasse, Blei), Elritze, Giebel, Gründling, Karausche, Rotauge (Plötze) und Rotfeder. Für Angler und Küche gleichermaßen interessant sind die Fische auf den folgenden Seiten.

In der Küche

Weißfische sind kulinarisch unterbewertet, was mit ihrem Grätenreichtum zusammenhängt. Richtig verarbeitet sind sie aber geschmacklich durchaus ein Gewinn. Eine gute Methode ist das Marinieren mit säuerlichen Flüssigkeiten wie Zitronensaft, Essig oder Wein. Diese lösen die feinen Gräten in 1–2 Tagen so weit auf, dass sie beim Verspeisen nicht mehr spürbar sind. Die andere Möglichkeit besteht in der Verarbeitung zu Terrinen, Pasteten, Nockerln und dergleichen, bei der die Masse durch ein Sieb gestrichen wird und die Gräten so zurückbleiben. Allemal wird man aber mit einem köstlichen Fischgeschmack belohnt. Das sollte auch die Anglerinnen und Angler überzeugen: Weißfische sind nicht nur für Petrijünger ein lohnendes Angelziel, sondern auch für Köche und Genießer ein vielversprechendes Erlebnis.

Das Aitel

Döbel, *Squalius cephalus*

Der gestreckte Körper des Aitels ist im Querschnitt fast rund. Es kann leicht mit Hasel oder Amur verwechselt werden. Man findet das Aitel in fast allen europäischen Ländern, außer in Nordskandinavien, Schottland und Irland. Es gehört zu den Leitfischen der Äschen- und Barbenregion. Es ernährt sich von Insekten und anderen Kleintieren, manchmal auch von Pflanzen, größere Exemplare fressen außerdem kleinere Fische und Amphibien.

In der Küche

Regional wird das Aitel zu „Steckerlfisch" verarbeitet.

Die Barbe

Flussbarbe, *Barbus barbus* (L.)

Die Barbe hat einen lang gestreckten Körper und wulstige Lippen mit zwei Paar „Bartel". Die Schlundzähne sind bei der Barbe „dreireihig"

angeordnet. Die Barbe war der klassische „Steckerlfisch", ist aber durch Flussregulierungen lange beeinträchtigt gewesen. Sie ist in Österreich besonders im Donauraum bei Wien beheimatet.

Das Rotauge

Plötze, *Rutilus rutilus* (L.)

Das Rotauge, ein typischer Weißfisch, ist seitlich abgeflacht und ziemlich hochrückig. Rücken und Kopfoberseite haben eine dunkle Färbung mit einem bläulichen oder grünlichen Ton. Die silbrig glänzenden Seiten werden zum Bauch hin heller. Das Rotauge hat ein endständiges Maul. Leicht zu verwechseln ist es mit der Rotfeder, die aber ein oberständiges Maul hat. Seine weitgesteckte Heimat ist Eurasien.

Die Rotfeder

Scardinius erythrophthalmus (L.)

Der Körper der Rotfeder ist seitlich abgeflacht und wird immer hochrückiger, je älter sie wird. Die Seiten sind gelblich glänzend, der Bauch ist silbrig weiß. Das oberständige Maul ist klein und eng. Die Rotfeder wird leicht mit dem Rotauge verwechselt, die Bauchflosse der Rotfeder ist jedoch leicht vorgezogen. Die Nahrung bilden Planktontiere, Pflanzen und sonstige Kleintiere. Die Rotfeder kommt in ganz Europa vor.

Die Brachse

Blei, Brassen, *Abramis brama* (L.)

Die Brachse mit ihrem fast rüsselartig vorstülpbaren Maul gehört ebenfalls zu den hochrückigsten und seitlich am stärksten abgeflachten heimischen Fischen. Sie bewohnt Seen und langsam fließende Gewässer, wo sie sich in der wärmeren Jahreszeit in den Uferregionen zur Nahrungsaufnahme aufhält. Die Brachse kann bis zu 20 Jahre alt werden, ein Gewicht bis zu 8 kg und eine Länge bis zu 70 cm erreichen. Brachsen sind in Europa nördlich der Alpen und Pyrenäen sowie auf dem Balkan weit verbreitet.

Die Karausche

Carassius carassius (L.)

Der Rücken der Karausche ist olivgrün, mitunter blauschimmernd. Die Seiten sind etwas heller, der Bauch gelblich bis grün. Sie ist leicht mit dem Karpfen zu verwechseln, hat aber keine Bartel. Die Karausche wurde bei der alljährlich stattfindenden Wahl durch den Verband Deutscher Sportfischer (VDSF), das Österreichische Kuratorium für Fischerei und Gewässerschutz (ÖKF), das Bundesamt für Naturschutz (BfN) und den Verband Deutscher Sporttaucher (VDST) zum Fisch des Jahres 2010 gewählt.

Der Schied

Rapfen, *Aspius aspius* (L.)

Der Schied ist ein weiterer typischer Weißfisch unter den Karpfenartigen, jedoch ist er ein Räuber. Er hat ein sehr großes Maul, und die Maulspalte reicht bis unter die Augen. Durch den vorgezogenen Unterkiefer wirkt es leicht oberständig. Der Unterkiefer hat an der Spitze einen Haken, der in die dafür vorgesehene Vertiefung des Oberkiefers passt. Der lang gestreckte Körper ist seitlich etwas abgeflacht. Der Schied ist wegen seiner Kampfkraft ein beliebter Fisch für den Sportangler. Er lebt vorwiegend in den Mündungsbereichen der Zuflüsse und in den Altwässern der Donau, kommt aber auch in Seen vor.

AALARTIGE

Der Aal

Anguilla anguilla

Der Aal hat einen langen, schlangenförmigen Körper ohne Bauchflossen und tief in die Haut eingebettete Schuppen. Rückenflosse und Afterflosse gehen in die Schwanzflosse über und bilden einen durchgehenden Flossensaum. Der Flussaal laicht zwar im Atlantischen Ozean im Bereich der Sargasso-See zwischen den Bermudas und den Bahamas, verbringt aber den überwiegenden Teil seines Lebens im Süßwasser. Die Larven sehen aus wie durchsichtige Weidenblätter und brauchen ungefähr drei Jahre, um mit der Meeresströmung an die Küsten Europas zu gelangen. Die nunmehr ca. 7–8 cm großen „Glasaale“ steigen in Flüsse, Bäche und Seen auf. Der durchwegs nachts agierende Räuber versteckt sich gut und gräbt sich beispielsweise gerne im weichen, schlammigen Boden oft bis zum Kopf ein. Männchen erreichen eine durchschnittliche Länge von einem halben Meter,

Weibchen werden bis zu dreimal so lang und erreichen dabei ein Gewicht von über 4 kg. Aale können bis zu 35, manchmal sogar 50 Jahre alt werden.

Bei Fischern ist der Aal als Besatzfisch nicht sehr beliebt, da ihm als Nahrung kleinere oder größere Wassertiere aller Art, aber auch Fischlaich dienen. Für Berufsfischer als auch für Sportangler hat der Aal eine große Bedeutung, zumal er keine Schonzeit und kein Mindestmaß hat. Der Aal war Fisch des Jahres 2009.

In der Küche

Fisch wird in der Regel als fettarm gepriesen. Der Aal fällt mit seinen bis zu 30 % Fettanteil ein bisschen aus der Reihe. Da Fett ein ausgezeichneter Geschmacksträger ist, kommt dies dem Wohlgeschmack zugute, der besonders im geräucherten Zustand bestticht. In dieser Form ist er auch meist erhältlich und wird so auch zum Kochen verwendet.

BARSCHE

Zu den Barschen, die man in österreichischen Gewässern findet, zählen Flussbarsch oder Barsch, Kaulbarsch, Schrätzer, Streber, Zander und Zingel.

Der Flussbarsch

Barsch, *Perca fluviatilis* (L.)

Der sehr anpassungsfähige Fisch kommt in fast allen fließenden und stehenden Gewässern vor. Das Maul ist endständig, die Maulspalte weit und die Kiefer sind mit vielen kleinen Zähnen

besetzt. After- und Bauchflossen sind meist rötlich gefärbt, manchmal auch gelblich. Markant sind wie bei seinem Verwandten, dem Zander, die dunklen Querstreifen. Der Flussbarsch, am Bodensee auch Kretzer genannt, ist ein in ganz Europa vorkommender Süßwasserfisch. Er bewohnt Gewässer aller Art mit klarem Wasser und hartem Grund und wird als nicht gefährdet eingestuft. Wegen ihres wohlschmeckenden, festen, weißen Fleisches werden die Flussbarsche gern geangelt.

In der Küche

Gebraten oder gedünstet schmeckt dieser Fisch besonders delikat.

Der Zander

Schill, Fogosch, Stizostedion, *Sander lucioperca*

Der Zander ist unter den Barschartigen eindeutig der großwüchsigste. Rücken und Seiten sind graugrün bis blaugrau. Nach unten hin wird er heller, und der Bauch ist matt silberweiß. Er hat einen lang gestreckten und nur mäßig hohen Körperbau. Die Rückenflossen sind mit schwarzen, meist in Längsbinden angeordneten Flecken versehen. Charakteristisch sind auch die dunklen Querstreifen. Die ursprüngliche Heimat des Zanders ist der Osten und Norden Europas. Besonders in Russland spielt der Zander für die Fischversorgung eine große Rolle. Sehr gerne wird dieser Fisch in der Teichwirtschaft genutzt und ist vor allem in den letzten Jahrzehnten in vielen Gewässern eingesetzt worden, hauptsächlich wegen seines kulinarischen Werts.

In der Küche

Der Geschmack des festen, weißen Zanderfleisches kommt vor allem beim Braten und Grillen zur Entfaltung, wobei es sowohl im Ganzen wie auch als Filet verarbeitet werden kann.

SALMONIDEN

Als Salmoniden bezeichnet man die Forellen- oder Lachsartigen. Alle sind Edelfische und werden intensiv befischt und gezüchtet. Untrügliches äußeres Kennzeichen ist die Fettflosse zwischen Rücken- und Schwanzflosse. Die bei uns vorkommenden Arten sind Bachforelle, Bachsaibling, Huchen, Regenbogenforelle, Seeforelle, Seesaibling. Alle Salmoniden bevorzugen kühle Gewässer, Gebirgsbäche und Flüsse sowie tiefe kühle Seen.

In der Küche

Einige Exemplare heimischer Salmoniden kann man selbst fangen, andere erhält man in bester Qualität beim heimischen Fischzüchter. Allen ist aber eines gemeinsam: Sie sind in unseren Breiten neben dem Karpfen die beliebtesten Speisefische, und das nicht zu Unrecht. Sie lassen sich relativ leicht für die Küche vorbereiten und sind dann im wahrsten Sinn des Wortes offen für alle kulinarischen Spielarten; man kann sie marinieren, backen, frittieren, pochieren, dünsten, dämpfen, kochen, grillen, gratinieren, räuchern, einlegen oder zu Suppen, Terrinen und Pasteten verarbeiten.

Die Regenbogenforelle

Oncorhynchus mykiss, Salmo gairdneri irideus

Die Regenbogenforelle stammt aus Nordamerika und wurde um 1880 bei uns eingeführt. Sie

zählt neben den Karpfen zu den bedeutendsten Fischen in der Teichwirtschaft, da Erbrütung und Aufzucht problemlos sind. Für den Angler hat diese Forelle einen hohen Stellenwert, da sie mit allen möglichen Ködern, bevorzugt mit Kunstfliegen, gefangen wird. Rücken, Rückenflosse, Fett- und Schwanzflosse der Regenbogenforelle sind mit vielen schwarzen Flecken versehen. Der Rücken ist dunkelgrün bis braungrün, die Seiten sind heller, der Bauch mitunter silbrig glänzend. Die Körperform ist torpedoartig und seitlich abgeflacht. Beim endständigen Maul reicht die Maulspalte bis hinter das Auge. Die Kiefer haben spitze Zähne.

Die Lachsforelle (= Regenbogenforelle!)

Zoologisch betrachtet existiert die Lachsforelle nicht! Mit diesem Namen werden lediglich große, gezüchtete Regenbogenforellen bezeichnet, die (meistens) rosa- oder rotfleischig sind. Die Bezeichnung „Lachsforelle" ist ein verbreiteter Verkaufsname für zwei verschiedene Arten von Forellenfischen, die durch das mit der Nahrung aufgenommene Karotin ein an Lachs erinnerndes, leicht rötliches Fleisch besitzen. Ursprünglich wurden als Lachsforellen nur Meerforellen (*Salmo trutta trutta*) bezeichnet, deren Fleisch sich aufgrund ihrer aus Fischen, kleinen Krebsen und Garnelen bestehenden (und dadurch astaxanthinhaltigen) Nahrung rötlich färbt. Meerforellen wandern zwischen Meer und Flüssen. Heute im Handel erhältliche Lachsforellen sind in der Regel gezüchtete, besonders große Regenbogenforellen (*Oncorhynchus mykiss*), deren Futter wie bei der Lachszucht mit Farbstoffen, zum Beispiel dem aus Algen gewonnenem Astaxanthin, versetzt wird. Anders als Lachse und Meerforellen sind Regenbogenforellen reine Süßwasserfische. Lachsforellen sind wegen ihrer Größe und Fütterung deutlich fettreicher (ca. 10 % Fett) als wild lebende Regenbogenforellen (ca. 4 % Fett), aber magerer als Zuchtlachse (ca. 25 % Fett) oder wild lebende Lachse (ca. 12 % Fett).

Die Bachforelle

Salmo trutta fario (L.)

Die Bachforelle kann recht unterschiedlich gefärbt sein. Im Unterschied zur Seeforelle hat die Bachforelle rötliche Tupfen mit oftmals hellblauer Umrandung – bei der Seeforelle sind diese eher rostbraun oder orangefarben und ohne Rand, und sie hat darüber hinaus größere, schwarze Flecken bis zum Bauch, manchmal auch auf der Schwanzflosse. Auf dem Kopf, dem Kiemendeckel und dem Rücken finden sich zahlreiche bräunliche, unterschiedlich große Flecken. Der Rücken ist grünbraun, der Bauch gelblich bis weißlich. Das Maul ist endständig, die Maulspalte reicht bis hinter das Auge. Die Schwanzflosse ist etwas eingebuchtet, bei älteren Tieren fast ganz gerade. Der Körper ist durch seine torpedoartige Form optimal dem Lebensraum angepasst.

Der Huchen

Donaulachs, Rotfisch, *Hucho hucho* (L.)

Die größte Art unter den Salmoniden ist der Huchen. Er ist am Rücken und an den Seiten bräunlich-grünlich-grau gefärbt mit einem auffallenden Kupferglanz vor allem zur Laichzeit. Der Kopf ist flach und auf der Unterseite wie der Bauch weißlich. Das endständige Maul besitzt einen kräftigen Kiefer mit vielen starken Hakenzähnen. Die Maulspalte erstreckt sich wie bei den meisten Salmoniden bis unter das Auge. Dieser kapitale Fisch wird Donaulachs genannt, obwohl er auch in anderen großen Flüssen Österreichs vorkommt. Der Huchen war lange Zeit durch Flussregulierungen, Kraftwerke oder Wasserverschmutzung stark beeinträchtigt, mittlerweile erholen sich die Bestände langsam wieder.

und am Rücken und auf der Rückenflosse hell marmoriert. Der Bauch ist gelblich oder rötlich, seltener weißlich. Die Körperform ist torpedoförmig. Das Maul ist endständig, die Maulspalte reicht bis hinter das Auge.

Der Bachsaibling *Salvelinus fontinalis*

Der Bachsaibling stammt ursprünglich aus dem Osten Nordamerikas, von dort wurde er 1884 nach Europa gebracht. Er liebt kaltes, sauerstoffreiches, fließendes, aber auch stehendes Gewässer und braucht Verstecke nicht so sehr wie die Bachforelle. Die Eier werden meist an kiesigen Stellen abgelegt. Durchschnittlich etwa 35 cm lang, erreicht dieser Fisch auch eine maximale Länge von 55 cm. Er wird eher selten über 1 kg schwer und älter als 8–12 Jahre. Rücken und Körperseiten zeigen viele kleine gelbe Punkte, dazwischen kleine rote Punkte mit gelber Umrandung. Im Übrigen ist er braun bis dunkelolivgrün

Die Seeforelle *Salmo trutta lacustris* (L.)

Die Seeforelle gehört in den stehenden Gewässern des Alpen- und Voralpengebietes zur größten Art der Salmoniden. Farblich zeigt sie einen blaugrauen oder grüngrauen Rücken und helle Seiten. Die Seeforelle hat im Unterschied zur Bachforelle keine roten Tupfen mit hellblauer Umrandung, dafür aber größere, schwarze Flecken bis zum Bauch hinunter. Zwischen den dunklen Flecken befinden sich manchmal auch rostbraune oder orangefarbene Tupfen. Der gedrungene Körper ist torpedoförmig und seitlich etwas abgeflacht. Das endständige Maul trägt im Kiefer viele spitze Zähne. Bei den älteren Männchen bildet sich zudem ein kräftiger Laichhaken

Seeforelle mit typischem Tupfenmuster.

aus. Die Schwanzflosse ist in der Jugend leicht eingebuchtet, wird aber mit zunehmendem Alter gerade. In Kärnten gibt es eine besondere Zuchtform der Seeforelle, den *Kärntna Låxn*. In der gleichnamigen *Genuss Region* bringen einige Betriebe diesen Fisch auf den Markt.

Der Seesaibling *Salvelinus alpinus*

Der Seesaibling ist durch unterschiedliche Lebensräume bedingt formenreich. In hoch gelegenen Seen wird er mangels idealer Lebensbedingungen nur maximal 25 cm groß. Eine ebenfalls kleinwüchsige Form ist der Schwarzreuter. Der Tiefseesaibling oder Hungersaibling erreicht gar nur ca. 15 cm. Der Wildfangsaibling, die großwüchsigste Form, kann dagegen bis zu 80 cm lang und 10 kg schwer werden. Er kommt aber schon sehr selten vor. Normalerweise wird er bis zu einem halben Meter lang und 1 kg schwer. Alle Seesaiblinge weisen am Rücken und an den Seiten viele kleine gelbliche

Punkte auf. Der schlanke Körper ist torpedoförmig. Maul und Maulspalte gestalten sich wie bei allen anderen Salmoniden. Im Ober- und Unterkiefer befinden sich viele kleine Zähne. Der Seesaibling hat für die Berufsfischerei eine große Bedeutung, da er wegen seines schmackhaften Fleisches in der Gastronomie sehr geschätzt wird. In Europa reicht sein Verbreitungsgebiet von den sauerstoffreichen Seen der Alpen und Pyrenäen bis nach Nordeuropa. Bei uns kommen Seesaiblinge in allen Bundesländern vor, außer in Wien und im Burgenland. In der Steiermark ist ihm mit dem Ausseer Seesaibling sogar eine *Genuss Region* gewidmet. In Niederösterreich ist das einzige natürliche Vorkommen im Lunzer See. Der Seesaibling ist ein beliebter Fisch bei den Züchtern, weil er ein gutes Image bei Konsumenten besitzt.

Die folgenden Fische gehören nicht zu den Salmoniden, obwohl sie für den Laien große Ähnlichkeit mit diesen haben.

Die Äsche

Thymallus thymallus (L.)

Die Äsche ist einer der empfindlichsten Fische, was Wasserqualität betrifft, gehört aber zu den wohlschmeckendsten. Der Körper ist lang gestreckt, seitlich etwas abgeflacht und mutet damit durchaus ein wenig hochrückig an. Der Kopf ist kegelförmig, das kleine Maul unterständig. Die Rückenflosse ist wie eine Fahne auffallend hoch und bunt. Die Äsche war Fisch des Jahres 2011. Das Verbreitungsgebiet der Äsche erstreckt sich über fast ganz Europa. Sie ist in kalten Seen und Flüssen zu Hause. Bei uns ist sie wie überall vor allem ein Angelfisch, daher ist sie meist auch nur von Anglern erhältlich.

In der Küche

Äschenfleisch hat von Natur aus einen Thymianhauch. Dieser zarte Duft sollte beim Verarbeiten in der Küche berücksichtigt werden, was ein wahres Geschmackserlebnis bedeuten kann.

Die Reinanke

Renke, Felche, Blaufelche, Maräne, *Coregonus lavaretus maraena*

Dieser Fisch kommt je nach Lebensraum in unterschiedlichen Formen vor. Im Wesentlichen lassen sie sich je nach Lebensweise in vier Formenkreise einteilen. Es gibt zwei Schwebrenken- und zwei Bodenrenken-Arten. Reinanken wurden lange Zeit wegen ihrer Fettflosse zu den Lachsfischen gezählt. Die Unterscheidung der Arten und Rassen dieser Familie ist selbst für den Fachmann äußerst schwierig. Sie kommen vornehmlich in großen und tiefen Seen mit klarem Wasser vor. Im Salzkammergut oder im Faaker See ist die Reinanke beheimatet, im Bodensee ist es vornehmlich die Felche. Im Waldviertel mit seinen eher kühlen Teichwirtschaften gibt es auch die Maräne. Dieser Edelfisch ist bei Fischern und Genießern gleichermaßen beliebt.

In der Küche

Diese Fischspezialität muss man sich als Koch und Genießer auf der Zunge zergehen lassen. Das zarte, feine und äußerst wohlschmeckende Fleisch sollte ebenso fein und sorgfältig verarbeitet werden, dementsprechend sind Pochieren, Dünsten und vorsichtiges Braten die richtigen Zubereitungsmethoden.

Der Alpenlachs©

= Eismeersaibling,
Salvelinus alpinus lepechini

Ein Fisch, der wie die Regenbogenforelle oder der Bachsaibling bei uns eingeführt wurde, ist der Eismeersaibling. Er stammt allerdings aus den Polarregionen und kommt hierzulande nur in gezüchteter Form vor. Unter der Marke *Alpenlachs*© werden seit 20 Jahren Saiblinge vom nördlichsten Eismeer gezüchtet. Die erforderlichen niedrigen Wassertemperaturen sind in Kontinentaleuropa nur im eiskalten Quellwasser der Alpen zu finden, weshalb der „Erfinder" des Alpenlachses, der Industrielle Peter Brauchl, vor über 20 Jahren im Schneebergland damit begonnen hat. Sein Know-how gibt er in Form von Lizenzen an Partner weiter. Die absolut reinen Hochquellen am Fuße des Schneebergs im Rohrbachtal, Puchberg/Schneeberg, weisen das ganze Jahr über konstant niedrige Temperaturen zwischen +4° und +6° C auf, ideal für den Eismeersaibling. Ökologisch mehrfach genutzt und gereinigt, verlässt das Wasser die Fischzucht wieder als Trinkwasser.

In der Küche

Die kulinarischen Vorteile dieses Zuchtfisches liegen einerseits in der nahezu ständigen Verfügbarkeit, andererseits aber auch in den vielfältigen Zubereitungsmöglichkeiten. Es lassen sich schier alle Garmethoden anwenden, und immer schmeckt er köstlich.

HECHTARTIGE

Der Hecht

Esox lucius (L.)

Der Hecht ist ein ganz besonderer Fisch, nicht umsonst wird der Ausspruch „ein toller Hecht" sprichwörtlich gebraucht. Der lang gestreckte Körper ist walzenförmig und seitlich nur leicht abgeflacht. Die Kiefer im Maul sind mit großen Fang- und kleineren Hechelzähnen bestückt. Die paarig angelegten Flossen weisen eine rötlich-gelbe Färbung auf.

Dieser Standfisch hält sich gerne in Ufernähe von Fließgewässern, Seen und größeren Teichen auf, wo er Schilfränder und ähnliche Deckungsmöglichkeiten findet. Er kommt praktisch in ganz Österreich vor, ist beliebt sowohl als Trophäenfisch als auch wegen des köstlichen Fleisches. In Teichwirtschaften wird er als sogenannter Beifisch gut vermarktet.

In der Küche

Der Hecht ist wohl Mitglied der Königsklasse für heimische Fischer, aber auch in der Küche spielt er eine besondere Rolle. Wenngleich er recht viele Gräten aufweist, besticht sein festes Fleisch mit dem besonderen Geschmack.

Geschröpftes und sehr gut entgrätetes Hechtfleisch ist genau wie Karpfenfleisch ein besonderer Genuss. Geradezu klassisch sind auch Farcen oder die berühmten Hechtnockerl.

SCHELLFISCHE

Dorschartige

Die Rutte

Aalrutte, Quappe, Trüsche, *Lota lota* (L.)

Von der Familie der Dorschartigen (Schellfische) lebt die Rutte als einzige Art im Süßwasser. Am ganzen Körper und sogar auf der Kopfoberseite hat dieser Fisch eine dunkle, undeutliche Marmorierung. Die Rückenflosse ist zweigeteilt, wobei der zweite Teil sehr lang ist und vom Rücken bis zur Schwanzflosse reicht. Die Afterflosse ist fast ebenso lang.

Die Lebensräume dieses Fisches sind Fließgewässer und Seen mit klarem, kühlem Wasser. In der Jugend besteht die Nahrung dieses nächtlichen Räubers aus Insektenlarven, Würmern und anderen Kleintieren, später vorwiegend aus Fischen. In manchen Gebieten wie am Bodensee ist die Rutte ein wirtschaftlich wichtiger Fisch, sein Fleisch und vor allem die Leber werden hoch geschätzt.

In der Küche

Kulinarisch am bekanntesten und wohlschmeckendsten ist wohl die Trüschen-Leber, die man besonders vorsichtig zubereiten sollte. Aber auch das Fleisch ist in Butter gebraten durchaus ein Genuss.

Der Wels

Waller, Schaiden, Schaidfisch, *Silurus glanis* (L.)

Der Wels hat einen lang gestreckten, schuppenlosen Körper, der am Kopf noch rund, dann aber nach hinten seitlich immer flacher

wird. Beim Maul hat der Wels drei Paar Bartfäden, eines davon am Oberkiefer ist besonders lang. Seine Lebensräume sind große Flüsse und Seen mit ruhigen Stellen und sandigem oder schlammigem Boden. Mitteleuropa bis China ist die angestammte Heimat dieses nächtlichen Räubers, der zu vielen Mythen Anlass gab. Die Eier legt er in einer Art Nest ab, diese werden anschließend vom Männchen bewacht. Welse werden durchschnittlich 1 bis 1,5 m lang, manche Exemplare sind sogar bis zu 3 m lang und an die 300 kg schwer. Fische und Frösche, aber auch Wasservögel dienen ihm als Nahrung. In der Teichwirtschaft und in der freien Fischerei hat der Wels eine große Bedeutung.

In der Küche

Der Wels verfügt über ausreichend köstliches und vor allem grätenfreies Fleisch, das sowohl gegrillt, gebraten, gebacken oder in kräftigen Fischsuppen überzeugen kann.

STÖRARTIGE *Acipenseridae*

Als Vertreter der Familie der Störartigen kommt in der Donau der Sterlet vor (früher auch Hausen). Die Nahrung besteht aus Insektenlarven, Würmern, Schnecken, Laich, Kleinkrebsen und anderen Kleintieren. Störe sind durch die Zerstörung ihrer Lebensräume, die Verschmutzung des Wassers und auch durch den illegalen Handel mit Kaviar stark gefährdet. Bei uns werden in einigen Teichwirtschaften verschiedene Störarten gezüchtet, vor allem der Sterlet. Störe kommen nur auf der Nordhalbkugel vor und gehören zu den urtümlichsten Wirbeltieren unseres

Planeten mit einem entwicklungsgeschichtlichen Alter von über 250 Millionen Jahren. Es gibt rund 25 Arten bei den eigentlichen Stören (*Acipenseridae*). Zu diesen gehören die größten Süßwasserfische der Erde, wie z. B. ein über 100 Jahre altes Riesenexemplar eines europäische Hausens oder Belugastörs, der 8,5 Meter lang und 1300 kg schwer wurde. Mittlerweile gibt es in Österreich bereits einige erfolgreiche Kaviarproduktionen aus dem unbefruchteten Rogen (den Fischeiern) des Störs aus heimischer Zucht.

In der Küche

Störe gehören zu den wohlschmeckendsten Fischarten und sind auch wegen ihres grätenlosen Fleisches sehr begehrt. Störe von heimischen Fischproduzenten – und nur von dort darf man sie beziehen – sind die beste Empfehlung für die Fischküche. Vielfältig sind die kulinarischen Umsetzungsmöglichkeiten, da sind dem Fischkoch fast keine Grenzen gesetzt. Und der Rogen – Kaviar von welcher Störart auch immer – ist der pure Luxus für den Gaumen.

SCHALENTIERE

Der Edelkrebs

Flusskrebs, *Astacus astacus* (L.)

Der Flusskrebs war in den vorigen Jahrhunderten ein äußerst häufiger Bewohner von Seen und Fließgewässern in Deutschland und Österreich. Als billiges Nahrungsmittel zwurde seine Verwendung zur Verbesserung der Ernährungsbedingungen des Gesindes per Gesetz begrenzt. Als eingeschleppter Exot verbreitet sich zunehmend der Signalkrebs. Er wurde in den 1960er-Jahren von Nordamerika nach Europa in dem Irrglauben eingeführt, er sei gegen die Krebspest resistent. Tatsächlich überträgt er die Krebspest auf heimische Krebsarten, ohne selbst daran zu sterben. Weiters ist der Signalkrebs auch konkurrenzstärker als der heimische Edelkrebs und verdrängt diesen aus seinen Lebensräumen.

In der Küche

Dieses heimische Schalentier wird wieder vermehrt von Zuchtbetrieben angeboten, der stattliche Preis ist in jedem Fall gerechtfertigt. Bei sorgfältiger Verarbeitung auf dem Grill, im Sud, zu Suppen oder Farcen entpuppt sich jeder Bissen als ein himmlischer Genuss.

Die Teichmuschel / Die Flussmuschel

Anodontinae, Unioniae

Die großen Süßwassermuscheln der Familie *Anodontinae* leben auf dem Boden von Fließ- und Stillgewässern mit schlammigem bis grob sandigem Untergrund. Durch das Ausfiltern von Schwebstoffen aus dem Wasser und die Abgabe von unverdaulichen Bestandteilen kann eine Teichmuschel beispielsweise pro Tag 40 Liter Wasser filtern und stellt damit einen bedeutenden Faktor im Ökosystem ihres Gewässers dar. Die Muschel wächst schnell heran, erreicht aber nur ein vergleichsweise geringes Alter von bis zu fünf Jahren. In sehr kalten, nährstoffarmen Gewässern jedoch wird sie in diesem Alter erst geschlechtsreif und kann bis zu 15 Jahre alt werden. Teich- und auch Flussmuscheln sind in Mitteleuropa schon mindestens seit der Antike bekannt, archäologische Funde belegen das.

In der Küche

Die in freier Wildbahn ganzjährig geschützte heimische Teichmuschel kann bei Züchtern erworben werden und wird den Kauf nach geeigneter Verarbeitung in der Küche durchaus geschmacklich lohnen. Pochiert, gekocht, gebraten und gratiniert wird sie in Kombination mit Gemüse, Saucen und Beilagen zur besonderen Delikatesse.

Fischfond

(Basisrezept)

Zutaten für 1,5 l Fischfond

1,5 kg Karkassen (Gräten und Köpfe)
60 ml Olivenöl
3–4 Schalotten
2 Stangen Lauch, nur das Weiße
½ Fenchelknolle
2 Petersilienwurzeln
1 Stange Staudensellerie
2 Karotten
4 Knoblauchzehen

500 ml trockener Weißwein
evtl. etwas Noilly Prat
2 l Eiswasser (mit Eiswürfeln)
3 Lorbeerblätter
3–4 Stängel Thymian
15 weiße Pfefferkörner
Zitrone
Nelken
Meersalz

Für Fischfond sollte man stets magere, weißfleischige Fische verwenden (z. B. Zander, Forelle, Saibling etc.). Um einen klaren, hellen Fond zu erhalten, ist es wichtig, dass eventuelle Schuppen gänzlich entfernt werden!
Karkassen in Stücke schneiden und gründlich wässern. Abgetropfte Karkassen in heißem Olivenöl einige Minuten anrösten lassen, ohne dass sie Farbe annehmen. Zwischendurch wenden.
Gemüse waschen, putzen und ebenfalls in grobe Stücke schneiden. Schalotten und Knoblauch schälen. Schalotten grob hacken. Die Pfefferkörner im Mörser grob zerstoßen.
Öl in einem großen breiten Topf erhitzen, Gemüse und Schalotten darin 1–2 Min. andünsten. Karkassen dazugeben und kurz mitdünsten. Mit Wein ablöschen und Wasser dazu gießen. Knoblauch, Zitrone, Thymian, Lorbeerblätter, Nelken und Meersalz dazugeben. Dann alles aufkochen und zugedeckt bei kleiner Hitze ca. eine halbe Stunde köcheln lassen. Dabei den entstehenden Schaum zwischendurch abschöpfen.
Den Fond nun durch ein feines Sieb beziehungsweise ein Passiertuch in einen anderen Topf abseihen, in Schraubgläser oder Gefrierboxen füllen. Die Gefäße gut verschließen, den Fond kühl aufbewahren oder einfrieren.
Im Kühlschrank hält er sich 1–2 Wochen, im Tiefkühlfach 6–8 Monate.

Gabelbissen mit Räucherfisch in Kürbiskernöl-Creme

150 g Räucherfischfilets
120 g Fisolen
50 g Karotten
50 g Stangensellerie
50 g Gelbe Rüben
50 g Apfel
1 Ei, gekocht, geschält
1 Essiggurkerl

Creme
60 g Sauerrahm
60 g Topfen
50 g Crème fraîche
1 TL Senf
etwas Zitronensaft und Zitronenzesten
2 EL Kürbiskernöl
Salz und Pfeffer

Aspik
250 ml Fischfond
3 Blatt Gelatine
1 Schuss Noilly Prat

Das Gemüse putzen beziehungsweise schälen und klein schneiden, kochen oder dämpfen, in Eiswasser abschrecken, damit die Farbe erhalten bleibt, und gut trocknen lassen.

Apfel schälen und kleinwürfelig schneiden, das Ei und das Essiggurkerl in Scheiben schneiden. Für die Creme Sauerrahm, Topfen, Crème fraîche, Senf, Zitronensaft und Zesten gut verrühren und abschmecken.

Für das Aspik den Fischfond erhitzen, die eingeweichten, ausgedrückten Gelatineblätter sowie Noilly Prat dazugeben.

Die Creme mit dem Gemüse, den Apfelwürfeln und 2 EL von dem noch flüssigen Aspik vermengen.

⅔ der Masse mit dem Kürbiskernöl verrühren. Die Kürbiskernölmasse zuerst in mit Klarsichtfolie ausgelegte Formen füllen. Dann die helle Masse glatt darauf streichen, mit Essiggurkerl- und Eischeiben sowie mit den Fischfilets belegen und kalt stellen. Abschließend mit Aspik auffüllen, sodass alles gut bedeckt ist und weitere 3 Stunden kalt stellen.

Mit Salat nach Saison und getoastetem Schwarzbrot servieren.

Tipp: Eier lassen sich schön glatt in Scheiben schneiden, wenn man das Messer vorher jeweils in heißes Wasser taucht.

Reinankenaufstrich

100 g geräucherte Reinankenfilets (ohne Haut)
2 Zwiebeln
Butter zum Braten
70 g kalte Butter
1 Ei, hart gekocht
1 TL Kapern
Senf
Zitronensaft
Pfeffer
8 kleine Brotscheiben
1 Frühlingszwiebel
2 EL frische Majoranblätter
2 EL Kräuter, frisch nach Saison

Die Reinankenfilets in Streifen schneiden, klein geschnittene Zwiebeln in etwas Butter glasig anschwitzen und auskühlen lassen. Dann kalte Butter in Würfel schneiden, zusammen mit dem gehackten Ei, den Fischstreifen und den Kapern zu den Zwiebeln geben. Die gesamte Mischung zu einer weichen Creme cuttern, mit Senf, Zitronensaft und Pfeffer abschmecken.
Die Brotscheiben rösten, Frühlingszwiebel in Ringe schneiden, den Aufstrich mit Frühlingszwiebel und den fein gehackten Kräutern garnieren und mit den Brotscheiben servieren.

Tipp: Anstelle der geräucherten Reinanken kann man auch jeden anderen geräucherten Fisch nehmen, ja sogar gekochte oder gebratene Fischreste lassen sich so köstlich verwerten.

Forellencarpaccio mit Rhabarberterrine und kalter Erdbeersuppe

160 g Forellenfilets
Zitronensalz
Limettensaft
Öl

Rhabarberterrine

100 g Rhabarber
2 cl Rotweinlikör
1 EL Honig
5 Blatt Gelatine
40 g Fruchtzucker
1 Prise Zimtpulver
1 Prise Ingwerpulver
Chiliflocken
250 ml Sauerrahm
100 g cremiger Schaf- oder Ziegentopfen
250 ml Obers

Erdbeersuppe

320 g Erdbeeren
125 ml Orangensaft
3 cl Campari
1 EL Honig
Minze zum Garnieren

Die Forellenfilets in feine Scheiben schneiden und mit Zitronensalz, Limettensaft und Öl marinieren.

Für die Terrine Rhabarber schälen, in Stücke schneiden, mit Rotweinlikör und Honig weich kochen, bis fast keine Flüssigkeit mehr vorhanden ist, danach pürieren, durch ein Sieb streichen und die eingeweichten Gelatineblätter dazugeben.

Zucker und Gewürze aufschlagen, mit Sauerrahm, Topfen und Rhabarberpüree verrühren und steif geschlagenes Obers unterheben. Die Terrinenform mit Plastikfolie auskleiden, die Masse einfüllen und einige Stunden im Kühlschrank kalt stellen.

Für die Erdbeersuppe 200 g Erdbeeren mit den übrigen Zutaten vermengen, mixen und durch ein Sieb streichen, die restlichen Erdbeeren würfelig schneiden und zur Erdbeersuppe geben.

Die marinierten Forellenfilets mit der Rhabarberterrine und der Erdbeersuppe anrichten.

Mini-Clubsandwich mit marinierten Reinanken und Guacamole

4 marinierte Reinankenfilets
6 Scheiben Toastbrot
Öl zum Anrösten
80 g Guacamole
je 4 Gurken- und Paradeiserscheiben
4 gebratene Speckscheiben
2 EL Zwiebelringe
Rucola
4 Kirschparadeiser

Marinade

150 ml Weißweinessig
100 ml Öl
30 g Schalotten, fein gehackt
2 Lorbeerblätter
3 Nelken
5 Korianderkörner
20 g Zucker
Salz und Pfeffer

Die Reinankenfilets halbieren und in der Marinade gut 12 Stunden ziehen lassen.
Das Toastbrot diagonal in Dreiecke schneiden, in erhitztem Öl anrösten. Dann auf 4 Toastdreiecke jeweils etwas Guacamole, ein Stückchen Reinanke und ein weiteres Toastdreieck geben, darauf je eine Gurken- und Paradeiserscheibe, wieder ein Stückchen Fisch, dann die Speckscheiben, die Zwiebelringe und etwas Rucola legen. Zum Schluss mit einem Toastdreieck abdecken und leicht andrücken.

Das Ganze mit kleinen Holzspießen oder Zahnstochern, mit Kirschparadeisern garniert, fixieren.

Palatschinken mit Hecht-Krebsfarce und Paradeiser-Kürbis-Safran-Ragout

Palatschinkenteig

125 ml Milch
65 ml Obers
120 g Mehl
30 g Butter
4 cl Weißwein
2 Eier
Salz und Pfeffer
Öl zum Backen

Hecht-Krebsfarce

12 Flusskrebse bzw. Flusskrebsfleisch
200 g Hechtfilet, entgrätet
1 Ei
Salz und Pfeffer
Muskat
200 ml Obers
100 g Blattspinat

Kräuterpanier

Mehl, 1 Ei
Semmelbrösel, mit gehackten Kräutern vermischt
Öl und Butter zum Braten

Paradeiser-Kürbis-Safran-Ragout

500 g Paradeiser
200 g Kürbisfleisch
1 Zwiebel
1–2 Knoblauchzehen
1 EL Rapsöl
1 TL Zucker
Mark von ½ Vanilleschote
einige Safranfäden
Salz und Pfeffer
Chiliflocken, Koriander, Kardamom
2 EL Balsamessig
200 ml Gemüsefond
25 g Mandelsplitter zum Garnieren

Für das Ragout die Paradeiser kurz mit heißem Wasser überbrühen, danach schälen, vierteln, von Kernen befreien und würfelig schneiden, 300 g der Paradeiserwürfel fein passieren, den Rest beiseitegeben.
Kürbisfleisch in feine Streifen schneiden. Zwiebel und Knoblauch fein hacken, in Öl mit dem Zucker und den Gewürzen leicht anziehen lassen, mit Balsamessig, Gemüsefond und den passierten Paradeisern ablöschen.
Dann köcheln lassen, bis die Masse eine sämige Konsistenz hat. 100 g Paradeiserwürfel und die Kürbisstreifen dazugeben, leicht weiterköcheln lassen und abschmecken.
Für die Farce die Flusskrebse auslösen (4 Köpfe zum Garnieren beiseitelegen).
Die übrigen Zutaten (außer das Obers) vermischen, eiskalt cuttern, das Obers langsam einrinnen lassen, abschmecken und mit dem ausgelösten Krebsfleisch vermengen.

Die Zutaten für die Palatschinken zu einem Teig rühren, im erhitzten Öl 4 dünne Palatschinken hell ausbacken. Palatschinken mit der Farce bestreichen und mit dem blanchierten und abgetropften Blattspinat belegen, einrollen, in Mehl, verquirltem Ei und den Kräuterbröseln panieren und in der erhitzten Öl-Butter-Mischung auf beiden Seiten anbraten. Im Backrohr abschließend ca. 8 Minuten fertig garen.

Die Palatschinken schräg in Stücke schneiden und auf dem Paradeiser-Kürbis-Ragout anrichten. Alles mit gerösteten Mandelsplittern und den restlichen Paradeiserwürfeln bestreuen und mit je einem Krebskopf garnieren.

Tipp: Dieses Gericht kann kalt oder warm serviert werden und eignet sich mit der eineinhalbfachen Menge auch als Hauptspeise.

Fischwürste

Für ca. 16 Portionen
3 kg Fischfilets
3 Zwiebeln
500 g magerer Räucherspeck
5 Knoblauchzehen, fein gehackt
1 Bund Petersilie, fein gehackt
2 EL Majoran
Salz und Pfeffer

Wurstdärme
(beim Fleischhauer erhältlich)

Die Fischfilets von Gräten und Haut befreien, die Zwiebeln fein schneiden und in einem Tuch auspressen, damit später die Masse möglichst trocken bleibt. Alle übrigen Zutaten durch den Fleischwolf drehen, mit den ausgepressten Zwiebeln gut vermischen und in die Wurstdärme füllen.

Die Würste in der Pfanne oder auf dem Grill knusprig braten und mit Erdäpfelsalat, Brot oder Püree servieren.

Tipp: Die Würste schmecken frisch am besten, können jedoch auch eingefroren werden.

Fischbrot (Finnisches „Kalakukko")

Teig für 1 Brot

150 g Dinkelmehl
350 g Weizen-Vollkornmehl
1 Päckchen Trockengerm
80 g Haferflocken
300 ml Milch
2 Äpfel
60 g Sonnenblumenkerne
60 g Haselnüsse, grob gehackt
2 EL Leinsamen
2 EL Öl
1 EL Zucker
Salz

Fülle

350 g Fischfilets, gekocht oder geräuchert
150 g Speckwürfel, knusprig angebraten
100 g Zwiebeln, fein würfelig geschnitten, kurz angebraten

Das Mehl mit der Trockengerm vermengen. Die Haferflocken mit kochender Milch übergießen, ein paar Minuten stehen lassen, die geschälten, geriebenen Äpfel dazugeben, auskühlen lassen.
Wenn die Masse handwarm ist, mit den restlichen Zutaten vermengen, verkneten und aufgehen lassen, bis der Teig das doppelte Volumen hat. Nochmals kneten und wieder aufgehen lassen.
Für die Fülle die Fischfilets zerpflücken und mit den Speck- und Zwiebelwürfeln vermengen.
Den Teig auf einem bemehlten Nudelbrett rechteckig ausrollen (ca. 2 cm dick), mit der Fülle belegen (die Ränder frei lassen) und wie einen Strudel einrollen.
Brot auf ein mit Backpapier ausgelegtes Backblech legen, wieder aufgehen lassen, bis sich das Volumen verdoppelt hat, mit Wasser bepinseln. Im Backofen 10 Minuten bei 220° C und dann ca. 55 Minuten bei 180° C backen.

Reinanken-Rollmops

8 Reinankenfilets à 70 g, mit Haut
100 g Zwiebeln
160 g Weißkraut
100 g Karotten
Salz und Pfeffer

Sud
30 g Kristallzucker
500 ml Wasser
250 ml Weißweinessig
4 Lorbeerblätter
1 TL Pfefferkörner
1 TL Senfkörner
2 TL Salz

Die Reinankenfilets entgräten, zwischen Klarsichtfolie legen und leicht plattieren.
Zwiebeln und Weißkraut fein schneiden, Karotten schälen und in Streifen schneiden.
Für den Sud in einem Topf den Zucker karamellisieren lassen, mit Wasser und Weißweinessig aufgießen, Gewürze dazugeben und aufkochen lassen.
Das fein geschnittene Gemüse darin bissfest kochen, vom Herd nehmen, Sud abgießen und Gemüsestreifen beiseitestellen.
Die Fischfilets salzen und pfeffern, mit der Hautseite nach unten auflegen und mit jeweils etwas Gemüse belegen, dann zusammenrollen und mit einem Zahnstocher fixieren. Die Fischrouladen in ein großes Rexglas schlichten und mit heißem Sud aufgießen (sie müssen ganz bedeckt sein).
Im vorgeheizten Backrohr die gut verschlossenen Gläser bei 140° C ca. 25 Minuten garen. Danach verschlossen 1–2 Tage kühl ziehen lassen.

Tipp: Die Rollmöpse sind gekühlt und gut verschlossen wochenlang haltbar und können jederzeit serviert werden. Ein Glas mit selbst gemachten Rollmöpsen ist auch ein köstliches Mitbringsel.
Dazu passt frisches Bauernbrot oder ein Vogerlsalat mit Erdäpfeln (violette machen sich auch optisch besonders gut) sowie eine würzige Senf-Sauerrahm-Vinaigrette.

Räucherforellen-Salat mit Birne

4 Räucherforellenfilets
2–3 süße, saftige Birnen
1 Kopf Radicchio
60 g Rucola

Marinade
2 TL Zitronensaft
2 EL Öl
Salz und Pfeffer
2 TL Oberskren
4 EL Crème fraîche

Räucherforellenfilets enthäuten und in Streifen schneiden, Birnen schälen und in schmale Spalten schneiden.
Die Salate waschen und trocken schleudern, den Radicchio klein schneiden und mit dem Rucola in eine Schüssel geben.
Für die Marinade Zitronensaft, Öl, Salz und Pfeffer vermischen, über den Salat gießen. Den Oberskren mit Crème fraîche verfeinern und ebenfalls auf dem Salat verteilen.

Die Forellen- und die Birnenstücke vorsichtig miteinander vermengen und auf den Tellern verteilen, den Salat dazu anrichten und servieren.

Amur-Terrine
(Steirerdynamit)

250 g Amurfilet
1 Zwiebel
1 Lorbeerblatt
5 Wacholderbeeren
2 Pfefferkörner
3 EL Weinessig
Salz
Dill, fein gehackt
9 Blatt Gelatine
1 Ei
1 Prise Muskat
Salz und Pfeffer
1 Gläschen Sherry
150 ml Obers
2 EL Kürbiskerne

Petersiliengelee
1 Bund Petersilie
2 Blatt Gelatine
200 ml Fisch- oder Gemüsefond

Garnitur
1 (violette) Karotte, längs in hauchdünne Streifen geschnitten und blanchiert
1 EL Kürbiskerne, gehackt

Den Fisch in 1 Liter heißem, fast kochendem Wasser mit in Ringe geschnittener Zwiebel und Gewürzen ca. 20 Minuten ziehen lassen. Anschließend den Fisch im Sud erkalten lassen, herausnehmen und Haut und Gräten entfernen (den Sud aufheben). Ein paar Stückchen Fisch eventuell zum Garnieren beiseite stellen, den Rest fein faschieren.

Die Gelatine in kaltem Wasser einweichen, mit ca. 250 ml vom heißen Fischsud verrühren und zum faschierten Fisch geben, mit Salz, Pfeffer und Sherry abschmecken und auskühlen lassen. Wenn die Masse fast zu stocken beginnt, das steif geschlagene Obers und 2 EL gehackte Kürbiskerne unterrühren.

Dann die Masse in einen Schlauch (z. B. eine Salamihülle oder aus Frischhaltefolie gerollt) von ca. 4 cm Durchmesser füllen, abbinden und über Nacht im Kühlschrank fest werden lassen.

Für das Petersiliengelee die gewaschene und abgetropfte Petersilie fein cuttern. In kaltem Wasser eingeweichte Gelatine mit 200 ml erwärmten Fond und der Petersilie verrühren, Masse in eine längliche, rechteckige, mit Frischhaltefolie ausgelegte Form ca. 5 mm hoch eingießen und im Kühlschrank fest werden lassen.

Das Gelee vorsichtig aus der Form heben und auf einer länglichen Platte auflegen. Ein Ende der Amur-Pastete mit den blanchierten Karottenstreifen umwickeln, das andere Ende mit gehackten Kürbiskernen bestreuen und die Pastete auf dem Petersiliengelee anrichten.

Als Dekoration kann man eine Art „Zündschnur“ dazulegen: Ein Stück „Erdäpfelspaghetti“ frittieren und an der „Dynamitstange“ drapieren.

Fisch-Salat mit Safran-Orangen-Dressing

je 150 g Forellen-,
Zander- und Wallerfilets
Salz
Mehl
2 EL Traubenkernöl und
2 EL Butter zum Braten
1 Zwiebel
2 große Erdäpfel
100 g saftiges Geselchtes
Salz und Pfeffer
2 Orangen
2 EL Petersilie
1 kräftiger Schuss Pinot Blanc
Blattsalate
4 Safranfäden
Essig und Öl
etwas Orangensaft

Die Filets entgräten, in ca. 1 cm breite Streifen schneiden, salzen und in Mehl wenden. Die Streifen dann in heißem Traubenkernöl gemischt mit Butter goldbraun braten, herausheben und abtropfen lassen.

Die in Ringe geschnittene Zwiebel ebenfalls im Öl-Butter-Gemisch anbräunen, die gekochten, in Scheiben geschnittenen Erdäpfel und das kleinwürfelig geschnittene Geselchte dazugeben und gemeinsam weiter anbraten.

Jetzt die Fischstreifen wieder dazugeben und weitere 1–2 Minuten braten, mit Orangensaft einer Orange und klein gehackter Petersilie, einem Schuss Wein, Salz und Pfeffer abschmecken.

Blattsalate mit den filetierten, klein geschnittenen Orangenstücken einer Orange und einem Dressing aus Essig, Öl, Orangensaft und Safran vermengen. Die Fischstücke zum Salat anrichten und servieren.

Fischvariationen auf Salat mit Paprika-Vinaigrette

16 Fischfiletstücke à 40 g
(von verschiedenen Fischen)
Mehl zum Wenden
Öl zum Braten

Salat
8 Blätter Chicoréesalat
je 50 g Radicchio und Römersalat
4 Radieschen
200 g beliebige Pilze
Öl zum Sautieren

Paprika-Vinaigrette
1 TL Senf
2 EL Weinessig
je 1 rote, gelbe und grüne Paprikaschote, kleinwürfelig geschnitten
6 EL Öl
1 EL frische Kräuter, feingehackt
Salz und Pfeffer

Die Salate und das Gemüse waschen und abtropfen lassen. Die Chicoréeblätter in einer beschichteten Pfanne ohne Öl anbraten. Radicchio, Römersalat und Radieschen in feine Streifen schneiden.
Die Pilze putzen, wenn nötig klein schneiden und in wenig Öl sautieren. Die Salatzutaten duchmengen und reichlich mit der Vinaigrette beträufeln. Die Fischstücke leicht in Mehl wenden und kurz anbraten. Auf dem Salat anrichten und servieren.

Tipp: Man kann die Fischstücke auch pochieren.

Burgenländischer Aalsalat

50 g Kalbsbraten, kalt
50 g Roastbeef, kalt
50 g Kochschinken, kalt
½ geselchte Schweinszunge, kalt
80 g Räucheraal
2 Sardellen
1 kleiner Apfel
1 TL Kapern
1 Ei, hart gekocht
1 Essiggurkerl
2 EL Bohnen, gekocht

Mayonnaise
3 Eidotter
1 TL Senf
6 EL Öl
Salz und Pfeffer
½ TL Zucker
1 Schuss Balsamessig

Garnitur
3–4 Eier, hart gekocht
50 g Räucheraal
Krauspetersilie
Forellen- oder Saiblingskaviar

Die Fleischsorten, den Räucheraal, die Sardellen, den Apfel, das Ei, die Kapern und das Essiggurkerl kleinwürfelig schneiden und alles zusammen in einer großen Schüssel vermischen.
Für die Mayonnaise Eidotter mit etwas Senf und dem Öl aufschlagen. Wenn die Mayonnaise schon bindet, mit Salz, Pfeffer, Zucker und Balsamessig abschmecken. Die Mayonnaise unter die übrigen Zutaten mischen und einige Zeit ziehen lassen.
Dann den Salat anrichten und mit den in Scheiben geschnittenen Eiern, dem Räucheraal (ebenfalls in Scheiben geschnitten), Petersilie und etwas Kaviar garnieren.

Gemischte Fischstücke mit Salatcombo

2 Rote Rüben
1 Gelbe Karotte
1 Karotte
Öl
12 Fischfiletstücke à 50 g
(von Hecht, Zander,
Karpfen, Wels, Stör etc.)
Salz
Pfeffer
Mehl
Öl zum Braten

Vinaigrette
6 cl Öl
3 cl Orangensaft
1 EL Honig
1 Prise Kümmelpulver
1 Knoblauchzehe, fein gehackt
1 EL Minze, fein gehackt
1 Jungzwiebel, in feine Streifen geschnitten
1 EL Kren, gerieben
Orangenzesten
1 Prise Chilipulver
Salz und Pfeffer
8 Blatt Eissalat
Orangenfilets von 1 Orange

Das Wurzelgemüse gründlich waschen, mit Öl bestreichen und im Backrohr (wie Ofenerdäpfel) bei 200 °C ca. 2 Stunden rösten, das verleiht dem Gemüse einen intensiven Geschmack. Dann das Gemüse schälen, in Stücke schneiden und in der gut vermischten Vinaigrette marinieren.
Die Fischstücke salzen und pfeffern, auf der Hautseite leicht bemehlen und kurz anbraten, im Rohr noch einige Minuten fertig garen lassen.
Die gewaschenen und abgetropften Eissalatblätter wie Schälchen auf Tellern drapieren, mit etwas gut vermischter Vinaigrette beträufeln, Rüben-, Orangenfilet- und Karottenstücke hineinlegen und die gebratenen Fischstücke dazu anrichten.

Amur mit Duxelle

Rezept von Klaus Janez

ca. 600 g Amurfilet
Kaviarcreme
250 ml Obers

Duxelle
100 g Champignons
1 Zwiebel
1 EL Kräuter nach Saison

Für die Duxelle klein geschnittene Champignons, fein gehackte Zwiebel und Kräuter gut verrühren. Das entgrätete Amurfilet mit der Kaviarcreme und der Duxelle bestreichen.
In eine feuerfeste Form Obers gießen, das Amurfilet darauflegen und 15 Minuten bei 160 °C im Backrohr garen. Filet in Portionen teilen und servieren.

Tipp: Dazu passen Erdäpfel in allen Zubereitungsarten.

Seesaibling mit Yacon-Salat

4 Seesaiblingsfilets à 120 g
Salz und Pfeffer
2 EL Couscous

Yacon-Salat

200 g Yacon, geschält
80 g Radicchio
80 g Ananas
50 g Karotten
50 g Stangensellerie
2 Jungzwiebeln
1 EL Walnusshälften
Essig
Zitronenöl
Chilipulver
Koriander, gemahlen
Zucker
Salz und Pfeffer

Den Seesaibling leicht salzen und pfeffern.
Den Couscous mit heißem Wasser übergießen und 3 Minuten ziehen lassen.
Für den Salat Yacon schälen und in feine Streifen schneiden, Radicchio waschen und abtropfen lassen, Ananas, Karotten, Stangensellerie und Zwiebeln schälen und klein schneiden. Alle Zutaten miteinander vermischen und mit Essig, Öl und den Gewürzen verrühren.
Die Seesaiblingsfilets in Couscous wenden und in heißem Öl anbraten, fertig gar ziehen lassen, auf dem Salat anrichten.

Amurchips auf Flusskrebs-Pilz-Salat

300 g Silberamurfilets
Salz und Pfeffer
8 Flusskrebse
1 l Wasser

Panier
Maismehl mit Paprikapulver,
gemahlenem Koriander
und Thymian gewürzt

Salat
250 g Pilze
2 EL Öl
2 Knoblauchzehen
Chiliflocken
1 gelbe Zucchini
4 Jungzwiebeln
1 EL Pinienkerne
120 g Weintrauben
Salz und Pfeffer
einige Radicchioblätter
Schnittlauch und Petersilie

Dressing
3 EL Honig
1 EL Senf
1 EL Granatapfelsirup
Chilipulver
1 TL Zitronenzesten
Salz und Pfeffer

Die Silberamurfilets in hauchdünne Scheiben schneiden, würzen, die Flusskrebse je nach Größe 2–4 Minuten überkochen, abkühlen lassen.
Für das Dressing die Zutaten gut vermischen und beiseite stellen.
Für den Salat die Pilze gegebenenfalls klein schneiden, in einer heißen Pfanne ohne Öl anbraten, bis das Wasser verdampft ist. Dann etwas Öl, fein gehackten Knoblauch, Chiliflocken, gewaschene und klein gewürfelte Zucchini, fein gehackte Jungzwiebeln, Pinienkerne und Weintrauben dazugeben und mitbraten. Abkühlen lassen, mit dem Dressing vermischen. Von den abgekühlten Flusskrebsen das Schwanz- und Scherenfleisch auslösen und zum Pilzsalat mischen. Wenn nötig, mit Salz und Pfeffer abschmecken.
Die Amurscheiben im gemischten Maismehl wenden und im heißen Fett herausbacken. Danach auf Küchenpapier abtropfen lassen.

Den Salat in Radicchioblättern auf Tellern anrichten, mit fein gehackten Kräutern bestreuen und die Amurchips darauf platzieren.

Trüschen-Leber auf Apfelbett

400 g Trüschen-Leber
Mehl zum Wenden
1 EL Butter
2 Frühlingszwiebeln
1 Apfel
Apfelessig oder Weißwein
Salz und Pfeffer
Brunnenkresse zum Bestreuen

Die Trüschen-Leber in Mehl wenden und in heißer Butter auf beiden Seiten anbraten, danach aus der Pfanne nehmen und beiseite stellen.
Die fein geschnittenen Frühlingszwiebeln im verbliebenen Fett anbraten, den geschälten Apfel in dünne Spalten schneiden, zu den Zwiebeln geben und ebenfalls kurz anrösten. Mit einem Schuss Apfelessig oder Weißwein ablöschen, die Leber wieder dazugeben und alles zusammen weich dünsten. Erst zum Schluss mit Salz und frisch gemahlenem Pfeffer würzen.

Die Leber auf den Apfelspalten anrichten und vor dem Servieren mit frisch gehackter Brunnenkresse bestreuen.

Forellentatar mit Reiberdatschi

250 g Forellenfilets
Saft von 1 Zitrone
Salz und Zitronenpfeffer
1 EL kalt gepresstes Öl
2 EL Crème fraîche
40 g Jungzwiebeln
je 1 EL Schnittlauch und Dill
4 TL Saiblingskaviar

Reiberdatschi
300 g Erdäpfel
Salz und Pfeffer
Muskatnuss, gerieben
150 g Butterschmalz

Die Lachsforellenfilets enthäuten und entgräten, fein hacken (oder faschieren), mit dem Zitronensaft beträufeln, mit Salz und Zitronenpfeffer würzen, Öl, Crème fraîche, fein gehackte Jungzwiebeln und Kräuter unterrühren.
Die Erdäpfel waschen, schälen, reiben und auspressen oder mit einem Spiralschneider zu Erdäpfelspaghetti drehen. Mit Salz, Pfeffer und geriebener Muskatnuss würzen. Mit einem Esslöffel die Erdäpfelmasse portionieren und im heißen Butterschmalz goldgelb herausbacken.

Forellentatar mit den heißen Reiberdatschi servieren, mit Saiblingskaviar garnieren.

Gegrillter Stör mit Schwarzwurzel-Espuma

4 Störfiletstücke à 150 g
5 Schwarzwurzeln
2 Karotten, klein geschnitten
1 rote Zwiebel, klein geschnitten
200 g Spinat
150 g Lauch, klein geschnitten
120 g Butter
1 EL Öl
175 ml Hühnersuppe
Salz und Pfeffer, frisch gemahlen
Saft einer Zitrone
3 EL Balsamessig
1 Schalotte, fein gehackt
75 g Mandeln,
blanchiert und blättrig geschnitten

Espuma
2 Blatt Gelatine
50 ml Fischsud
150 g Schwarzwurzel
Zitronensaft
etwas Butter
Salz und Pfeffer
Muskat
100 ml Obers

Garnitur
2 EL Forellenkaviar
5 Zweige Petersilie, fein gehackt

Die Fischstücke in heißem Wasser kurz blanchieren, herausnehmen und trocken tupfen.
Die Schwarzwurzeln schälen und in ca. 3 cm große, schräge Stücke schneiden, zusammen mit dem übrigen Gemüse im Butter-Öl-Gemisch bei mittlerer Hitze ca. 3 Minuten andünsten, bis sie beginnen, weich zu werden, ohne Farbe anzunehmen.
Dann mit Hühnersuppe aufgießen, dass die Gemüsemischung gerade bedeckt ist und weitere 6–8 Minuten garen, bis das Gemüse weich ist.
Restliche Zutaten untermischen, mit Salz und Pfeffer würzen und warm stellen.
Für das Espuma Gelatineblätter im Fischsud einweichen. Die Schwarzwurzeln in Salzwasser mit Zitronensaft weich kochen, abgießen (Sud auffangen), trocken tupfen und in heißer Butter leicht anbräunen. Mit Salz, Pfeffer und Muskat würzen, mit 200 ml vom aufgefangenen Sud den Bratensatz loskochen und den Topf vom Herd nehmen, pürieren und abkühlen.
Die Gelatine ausdrücken, unterrühren und die ausgekühlte Masse mit dem Obers in eine Obersflasche mit Kohlensäurepatronen füllen.
Die Fischstücke 10 Minuten am Spieß grillen oder im Backofen bei 220 °C braten, danach abkühlen lassen.

Den Stör auf das Schwarzwurzelgemüse legen und mit dem Schwarzwurzelespuma beschäumen, mit Forellenkaviar und Petersilie garnieren und servieren.

Forellenröllchen mit Rogen

4 Lachsforellenfilets
2 Forellenfilets
Salz
4 Sardellenfilets
250 ml Joghurt (fettarm)
200 g frischer Spinat
Öl
1 Gläschen Forellenrogen

Die Forellenfilets enthäuten, entgräten und gut waschen. Anschließend diese pürieren oder klopfen bis eine Paste daraus entsteht, salzen und einige Löffel Wasser zufügen, damit diese Paste cremiger wird. Die Paste auf den Rücken der Lachsforellenfilets streichen, Filets einrollen und fest in Frischhaltefolie wickeln. Die Röllchen im Wasser bei 60 °C ca. 15–20 Minuten pochieren.
Die Sardellenfilets mit einer Gabel fein zerdrücken und mit Joghurt zu einer Sauce vermischen. Den gewaschenen und abgetropften Spinat mit der Sardellen-Joghurt-Sauce und dem Öl vermischen und auf den Tellern verteilen.

Die Forellenröllchen in Eiswasser abkühlen, die Folie entfernen und die Röllchen in Scheiben schneiden, mit dem Spinat anrichten und mit dem Rogen garnieren.

Karpfensauce über Schweinsnüsschen

„Carpo-nato by peie®“

600 g Schweinsnuss
70 ml Weißwein
80 g Stangensellerie
100 g Karotten
100 g Zwiebel
100 g Petersilienwurzel
1 Lorbeerblatt
2 Knoblauchzehen, zerdrückt
Pfefferkörner
Thymian
Korianderkörner
Gewürznelken

Sauce (Carpo-nato)

150 g Karpfenfilet, grätenfrei
50 g Karpfenfilet, geräuchert
1 EL Kapern
2 Sardellenfilets
einige Apfelstückchen
80 g Mayonnaise
125 g Crème fraîche
Saft und Zesten von 1 Zitrone
etwas vom Kochsud des Fleisches
Salz und Pfeffer

Fleisch in einen Topf legen, mit Weißwein angießen, Gemüse waschen, putzen, grob zerteilen und zusammen mit den Gewürzen zum Fleisch geben, 24 Stunden marinieren, dabei öfters wenden.
Schweinsnuss aus der Marinade nehmen und diese aufkochen, den Schaum abschöpfen und das Fleisch wieder einlegen, Wasser zugießen, bis das Fleisch knapp bedeckt ist und ca. 1 Stunde köcheln (die letzte halbe Stunde bei geringer Hitze), schließlich im Sud auskühlen lassen.

Für die Karpfensauce alle Zutaten zusammen in einen Cutter geben und cremig rühren.

Fleisch dünn aufgeschnitten auf eine Platte legen, mit der Sauce bedecken. Zugedeckt und kühl 10 Minuten ziehen lassen.

Tipp: Mit Salat und Kräutern nach Marktangebot sowie dem fein geschnittenen Wurzelgemüse aus der Marinade servieren.

Räucherfischsalat

ca. 350 g geräucherter Seesaibling
100 g Endiviensalat
10 g Brunnenkresse
2 mittelgroße Mandarinen
2 mittelgroße frische Feigen

Sauce
100 g Mayonnaise
125 ml Joghurt
1 EL Ketchup
Saft einer ½ Zitrone
edelsüßes Paprikapulver
Cognac nach Geschmack
3 EL Orangensaft
Zucker
Salz und Pfeffer

Den Räucherfisch filetieren und auf Tellern anrichten. Den gewaschenen und abgetropften Endiviensalat, die Brunnenkresse, die geschälten und klein geschnittenen Mandarinen sowie die geschälten und ebenfalls klein geschnittenen Feigen dekorativ dazu platzieren.

Für die Sauce die Zutaten gut vermischen, mit Salz und Pfeffer abschmecken und zum Salat geben.

Tipp: Dazu geröstetes Toastbrot mit Butter servieren.

Fischsuppe

(Basisrezept)

2 Jungzwiebeln
2 EL Öl
1 TL edelsüßes Paprikapulver
1 l Gemüsesuppe
2 Knoblauchzehen, zerdrückt
4 Fischfilets, à 120 g,
in mittelgroße Stücke geschnitten
400 g Suppengemüse, fein geschnitten
250 ml trockener Weißwein
Salz und Pfeffer
Wacholderbeeren
2 Lorbeerblätter

Für die Suppe die fein geschnittenen Jungzwiebeln in einem Suppentopf mit wenig Öl andünsten, dann die Hitze reduzieren, Paprikapulver einrühren und mit der Gemüsesuppe aufgießen. Dann den zerdrückten Knoblauch und die restlichen Zutaten in die Suppe dazugeben. Die Fischsuppe auf kleiner Flamme eine halbe Stunde köcheln lassen und mit Salz und Pfeffer abschmecken.

Mohncremesuppe mit Räucherforelle

400 g Räucherforelle
½ Packung Strudelteigblätter
8 Speckstreifen
etwas Öl
1 große Zwiebel
1 säuerlicher Apfel
etwas Koriander-, Zimt-, Muskat- und Chilipulver
2 cl Mohnöl
800 ml Gemüsefond
Saft einer ½ Orange
2 EL Schilcherlikör
150 g Erdäpfel
250 ml Obers
80 g Graumohn
etwas Rum
Salz und Pfeffer
3 EL Joghurt
Orangenzesten
1 Prise Chilipulver
4 Dörrzwetschken

Räucherforelle enthäuten und in Stücke schneiden. Strudelteigblätter quer in 5 cm breite Streifen schneiden und kurz goldgelb im Backrohr backen, auskühlen lassen. Die Speckstreifen in heißem Öl kross anbraten und beiseite stellen.
Zwiebel und Apfel schälen und würfelig schneiden, mit Gewürzen in etwas Mohnöl anschwitzen, mit Gemüsefond, Orangensaft und Schilcherlikör ablöschen.
Die Erdäpfel schälen und würfelig schneiden, dazugeben, ca. 15 Minuten weich kochen und passieren. Nochmals mit Obers und gestoßenem Mohn aufkochen, mit etwas Rum, Salz und Pfeffer abschmecken.
Vor dem Anrichten Joghurt (mit Orangenzesten und etwas Chilipulver verrührt) untermengen.
Die Suppe in Tellern anrichten, darüber die gebackenen Strudelteigstreifen legen und mit Räucherforelle, Speckstreifen und den in feine Streifen geschnittenen Dörrzwetschken garnieren.

Binnensee-Bouillabaisse

200 g Fischfilets
(z. B. Forelle, Zander, Reinanke, Hecht)
8 Flusskrebse
60 g Stangensellerie
je 50 g Karotten, Zucchini und Paradeiser
je 80 g Fenchel und Zwiebel
2 EL Rapsöl
1 Knoblauchzehe
Thymian, Rosmarin, Lorbeerblatt
1 EL Paradeisermark
100 ml Weißwein
4 cl Pernod
1 l Fischfond (siehe S. 66)
einige Safranfäden
Salz und Pfeffer
Chilipulver
Petersilie

Die Fischfilets in kleine Stücke schneiden, die Flusskrebse leicht aufgebrochen überkochen.
Das Gemüse fein würfelig schneiden, dann Rapsöl erhitzen und das Gemüse (mit Ausnahme der Paradeiserwürfel) mit fein gehacktem Knoblauch, Thymian, Rosmarin sowie Lorbeerblatt anschwitzen. Anschließend das Paradeisermark dazugeben und kurz mitrösten, dann mit Weißwein und Pernod ablöschen. Mit Fischfond aufgießen und ca. 20 Minuten köcheln lassen, dabei immer den Schaum abschöpfen.
In Weißwein eingelegte Safranfäden und die Fischstücke dazugeben und weitere 3 Minuten ziehen (nicht kochen!) lassen. Mit Salz, Pfeffer und Chilipulver abschmecken.
Die Flusskrebse vor dem Anrichten kurz dämpfen. Zuletzt die Paradeiserwürfel und die gehackte Petersilie dazugeben und mit Knoblauchbrot servieren.

Rote-Rüben-Suppe mit geräuchertem Saibling und Dörrzwetschken

400 g Räuchersaibling
80 g Dörrzwetschken
250 ml Roséwein
400 g Rote Rüben
100 g Äpfel
20 g Butter
1 rote Zwiebel
250 ml Gemüsefond
250 ml Apfelsaft
etwas geriebener Ingwer
1 Prise Kümmelpulver
Zimt- und Chilipulver
Salz und Pfeffer
125 ml Obers

Räuchersaibling enthäuten und in Stücke schneiden. Dörrzwetschken in Roséwein einlegen, die Roten Rüben und Äpfel schälen und kleinwürfelig schneiden.
Die Butter erhitzen, Rote Rüben, Äpfel und fein gehackte Zwiebel leicht anschwitzen, mit Gemüsefond, Apfelsaft und Roséwein (in dem die Dörrzwetschken eingelegt waren) ablöschen.
Das Ganze mit etwas geriebenem Ingwer und Kümmelpulver würzen, leicht dünsten lassen, dann mit dem Stabmixer aufmixen, passieren und mit den übrigen Gewürzen abschmecken. Das Obers aufschlagen und unterrühren. Die eingeweichten Zwetschken kleinwürfelig schneiden und dazugeben.

Geräucherte Saiblingsstücke in einen Suppenteller geben, mit Rote-Rüben-Suppe angießen und mit etwas Zimtpulver bestreut servieren.

Karottensuppe mit Rotaugen-Knöderl

400 g Karotten
100 g mehlige Erdäpfel
1 große Zwiebel
1 kleines Stück Lauch
2 EL Butter
500 ml Gemüsesuppe
Salz und Pfeffer aus der Mühle
1 Prise Ingwer
1 Prise Koriander

Knöderl
200 g Rotaugenfilets
1 Eiklar
Salz und Pfeffer
1 Prise Cayennepfeffer
einige Safranfäden
100 ml Obers
1 EL Pastis (Anisschnaps)

Garnitur
50 ml Obers
Safranfäden, in Weißwein eingeweicht

Für die Suppe Karotten, Erdäpfel, Zwiebel und Lauch schälen, würfelig beziehungsweise in feine Ringe schneiden, in der Butter andünsten und mit der Gemüsesuppe aufgießen. Kurz aufkochen lassen und bei schwacher Hitze 15–20 Minuten köcheln lassen, bis das Gemüse weich ist, dann alles fein pürieren.
Für die Knöderl die Rotaugenfilets in kleine Stücke schneiden, mit dem Eiklar im Cutter fein pürieren. Dann die Masse würzen, Obers und Pastis dazugeben, nochmals mixen und 20 bis 25 Minuten kühl stellen. Die Masse zu Knöderln formen und diese in reichlich Salzwasser bei 80 °C ca. 10 Minuten pochieren, dann herausnehmen.

Zum Servieren die Suppe wieder erhitzen, schaumig schlagen, würzen, abschmecken und in Suppentellern anrichten. Etwas Obers mit in Weißwein eingeweichten Safranfäden vermischen und die Suppe damit garnieren. Darauf dann die Rotaugen-Knöderl setzen.

Curry-Karpfen-Suppe

600 g Karpfenstücke
Salz
etwas Ingwer
Saft und Zesten von 1 Limette
1 l Fischfond
3 Stängel Zitronengras
2 Knoblauchzehen
etwas Currypulver
etwas Grüne Curry-Paste*
1 Becher Obers
500 g Gemüse (Lauch, Karotten, Zucchini)
Koriandergrün
Pfeffer

*Grüne Curry-Paste kann man entweder selbst zubereiten oder im Asiashop kaufen.

Grüne Curry-Paste
1 Stange Zitronengras
1 EL Koriandersamen, geröstet
1 EL Kreuzkümmelsamen, geröstet
2 EL Nuoc Mam (Fischsauce) oder Soja-Sauce
1 TL Shrimps- oder Garnelen-Paste
1 TL Zucker
2–3 grüne Chilies
3 Knoblauchzehen
1 Stück Galgant oder Ingwer, geschält und gerieben
3–4 Kaffirlimetten-Blätter
1 Stängel frischer Koriander
1 TL dunkle Soja-Sauce
2 kleine Schalotten, grob gehackt

Die Karpfenstücke in einer Mischung aus Salz, geriebenem Ingwer, Limettensaft und -zesten marinieren.
Den Fischfond mit in Stücke geschnittenem Zitronengras, gehacktem Knoblauch, Currypulver und grüner Curry-Paste aufkochen, danach mit Obers aufgießen.
Lauch, Karotten und Zucchini schälen, klein schneiden, Koriandergrün fein hacken, alles mit den marinierten Karpfenstücken in die Suppe geben und ziehen lassen (bis das Gemüse bissfest ist). Vor dem Anrichten noch einmal abschmecken.

Zubereitung der grünen Curry-Paste: Die Gewürzsamen in einem Mörser zermahlen, dann mit den restlichen Zutaten im Mixer zu einer feinen grünen Paste verarbeiten.

Ungarische Fischsuppe (Halászlé)

1 ¼ kg größere Fischteile verschiedener Sorten
(Barsch, Zander, Hecht, Karpfen)
1 große Zwiebel
1 EL Rosenpaprikapulver, scharf
1 rote Paprikaschote
2 Paradeiser
1 scharfe grüne Pfefferonischote, Kerne
und weiße Adern entfernt, fein geschnitten
Salz, Pfeffer
evtl. Suppennudeln

Fische waschen, schuppen, ausnehmen und die Filets auslösen, in Stücke schneiden und zur Seite stellen.

Die Karkassen mit der in Ringe geschnittenen Zwiebel in einen großen Topf geben und knapp mit Wasser bedeckt aufkochen. Mit Rosenpaprika und Salz würzen, die Suppe bei schwacher Hitze ca. 1 Stunde leicht köcheln lassen, dann durchseihen.

Paprikaschote und Paradeiser in kleine Stücke schneiden, mit den Fischstücken zur Suppe geben, bei ausreichender Hitze etwa eine halbe Stunde gar kochen. Nicht umrühren, damit der Fisch nicht zerfällt, sondern nur den Topf etwas hin- und herbewegen.

Die Fischsuppe mit frischem Weißbrot oder mit Suppennudeln servieren, nach Geschmack mit Pfefferoni würzen.

Tipp: Um die Suppe etwas sämiger zu machen, kann man Erdäpfelwürfel mitgaren, die man schon vor dem Fisch und dem Gemüse in die Suppe gibt. Das ist zwar nicht ganz authentisch, schmeckt aber auch sehr gut!

Festtags-Wurzelkarpfen

1 ganzer Karpfen (1,2 bis 1,5 kg)
Saft von 2 Zitronen
Salz und Pfeffer
1 Schuss Essig
Butter für die Form
200 g Erdäpfel
500 g Wurzelgemüse
500 ml Fischfond
Kren

Karpfen ausnehmen und schröpfen, Zitronensaft auf den Fisch träufeln, einziehen lassen, Karpfen würzen und kurz in Essigwasser blanchieren.
Eine feuerfeste Form mit Butter ausstreichen und auf eine umgedrehte feuerfeste Schale den Karpfen aufrecht hineinstellen. Erdäpfel schälen und in Scheiben schneiden, Wurzelgemüse schälen und in feine Streifen schneiden, beides rund um den Fisch in die Form geben, mit etwas Fischfond aufgießen und bei 200 °C im Backofen 30–45 Minuten garen.

Vor dem Servieren den Fisch noch mit frisch gerissenem Kren bestreuen.

Zander und Hecht in Weinblättern gebacken mit Trauben, Kaki und Seitlingen

1 Zanderfilet (ca. 400 g)
1 Hechtfilet (ca. 400 g)
150 g Trauben und Kaki gemischt
8 Zitronenscheiben
etwas Öl
ca. 20 Weinblätter
2 TL grobes Meersalz
200 g Seitlinge
½ Vanilleschote
schwarze Pfefferkörner
2 EL Öl
Pfeffer aus der Mühle

Zander- und Hechtfilet enthäuten. Trauben vierteln, Kaki klein schneiden, die Hälfte der Früchte mit 4 Zitronenscheiben in eine kleine, großzügig mit Öl eingestrichene Auflaufform legen, im auf 100 °C vorgeheizten Backofen ca. 50 Minuten backen, bis es „saftig-trocken" ist. Dann die Form aus dem Ofen nehmen.

Eine große Auflaufform mit Öl ausstreichen, Weinblätter waschen, blanchieren und trocken tupfen, die Form mit ca. 10 Blättern vollständig auslegen.

Die Zander- und Hechtfilets nebeneinander auf die Weinblätter legen und salzen. Das frische Obst und 4 Zitronenscheiben sowie die in Scheiben geschnittenen Seitlinge um den Fisch anordnen. Das ausgekratzte Vanillemark ebenfalls auf den Fischen verteilen, die Pfefferkörner darüber streuen und mit Öl beträufeln. Mit den restlichen Weinblättern zudecken und die Blätter dabei an den Seiten andrücken, so dass die Fische ganz zugedeckt sind, etwa 15 Minuten bei 160 °C backen.

Die Weinblätter entfernen, den Fisch auf vier vorgewärmten Tellern anrichten und mit den im Ofen gegarten Früchten sofort servieren.

Tipp: Dazu passt ein einfacher, trockener Weißwein, zum Beispiel ein Sauvignon Blanc.

Karpfenstreifen in Maismehlpanier

Blitzrezept von Helfried Reimoser „knusprig-steirisch“

ca. 600 g Karpfenfilet mit Haut
Salz und Pfeffer
Maismehl
Öl zum Ausbacken

Das Karpfenfilet in 5–7 mm dicke Streifen schneiden, die Karpfenstücke salzen, pfeffern und in Maismehl wenden.
In heißem Öl knusprig ausbacken und mit verschiedenen Saucen servieren. Dazu passt ein steirischer Erdäpfelsalat mit Kürbiskernöl.

Karpfen schwarz

1 ½ kg Karpfen
125 ml Essig
Salz
40 g Butter
80 g Wurzelgemüse
Zwiebel
250 ml dunkles Bier
je 40 g heller und dunkler Lebkuchen
50 g Johannisbeermarmelade
10 g Hagebuttenmarmelade

Zucker nach Geschmack
50 g Rosinen
30 g Haselnüsse, gerieben
30 g Mandelblättchen
1 Lorbeerblatt
Pfefferkörner
Thymian
Ingwer
1 Schuss Rotwein

Den Karpfen ausnehmen, dabei das Blut auffangen und gleich mit etwas Essig verrühren.
Den Fisch dann innen mit Essig ausspülen, portionieren und leicht einsalzen. Den so vorbereiteten Karpfen in Butter auf beiden Seiten kurz anbraten, dann herausnehmen und warm stellen.
Das fein geschnittene Wurzelgemüse und die fein gehackte Zwiebel in Butter rösten, mit 250 ml heißem Wasser, dem Blut und dem dunklen Bier aufgießen und köcheln lassen. Den geriebenen Lebkuchen und die Marmelade dazugeben und neuerlich aufkochen. Dann die Sauce durchseihen und mit Essig und Zucker abschmecken.

Jetzt die Rosinen, die geriebenen Nüsse und die Mandelblättchen sowie die übrigen Gewürze in einem Leinensäckchen zur Sauce geben und je nach Geschmack einen Schuss Rotwein, vermengt mit etwas Mehl, dazugießen.

Die Fischstücke hineingeben und ca. 15 Minuten lang garen. Alles abkühlen lassen und etwa 24 Stunden kalt stellen und ziehen lassen. Dann wieder erwärmen, Leinensäckchen entfernen und servieren.

Tipp: Als Beilage eignen sich zum Beispiel Semmelknödel.

Karpfen mit Bohnen-Erdäpfel-Ragout und Quittensenf

4 Karpfenfilets à ca. 120 g
Salz und Pfeffer
Mehl
Öl zum Braten

Bohnen-Erdäpfel-Ragout
200 g Käferbohnen
1 großer Erdapfel
1 Zwiebel
40 g Butter
120 g Stangensellerie
Kümmel
Majoran
Salz und Pfeffer
250 ml Essig
1 Becher Crème fraîche
Zucker
2 EL Zitronensaft
abgeriebene Schale von 1 Zitrone

Quittensenf
1 große Quitte
100 g Zwiebeln
2 EL Apfelessig
200 ml Wasser
Dijon-Senf
1 EL Zucker
1 Prise Zimtpulver
1 Prise Kurkumapulver
Pfeffer

Die Karpfenfilets schröpfen und mit Salz und Pfeffer würzen.
Für das Ragout die am Vortag eingeweichten Bohnen kochen, den Erdapfel ebenfalls kochen, schälen und in kleine Würfel schneiden.
Fein gehackte Zwiebel in heißer Butter anschwitzen. Erdapfel, Bohnen und den klein geschnittenen Stangensellerie dazugeben, alles würzen. Mit Essig ablöschen, Crème fraîche unterrühren, mit Zucker, Zitronensaft und -schale abschmecken.
Für den Quittensenf Quitte schälen, entkernen und in kleine Würfel schneiden, mit den klein gehackten Zwiebeln in Essig und Wasser ganz weich kochen. Dann Senf, Zucker und die Gewürze dazugeben und stark einreduzieren, bis eine fast breiige Konsistenz entsteht, mit dem Stabmixer aufmixen.

Die Karpfenfilets leicht bemehlen und in heißem Öl anbraten, im Backofen noch 5 Minuten ziehen lassen. Dann auf dem Ragout anrichten und mit dem Quittensenf servieren.

Tipp: Es gibt hervorragende steirische Käferbohnen in der Dose (im eigenen Sud bereits gekocht und gebrauchsfertig).

Wels mit Paradeiserstreuseln und Basilikumbutter

600 g Wels
200 ml Weißwein
200 ml dünner Fischfond
2 Zweige Basilikum
Salz und Pfeffer

Paradeiserstreusel

50 g Butter
120 g Mehl
50 g Asmonte (oder Parmesan)
1 EL frische Kräuter
1 TL Sesam
Salz und Pfeffer
Chilipulver nach Geschmack
8 Paradeiser
2 rote Zwiebeln
200 g Fisolen
4 Knoblauchzehen
1 Zweig Rosmarin
1 Zweig Thymian
100 ml Öl
Salz und Pfeffer
1 Prise Zucker

Basilikumbutter

100 ml Fischfond
½ Bund Basilikum
50 ml Obers
100 g Butter

Den Wels filetieren und in 4 Portionen teilen. Für die Streusel Butter, Mehl, geriebenen Asmonte, fein gehackte Kräuter, Sesam, Salz, Pfeffer und Chilipulver vermischen und abbröseln. Die Paradeiser vierteln, den Stielansatz entfernen, entkernen und Paradeiserviertel in eine Schüssel geben.
Zwiebeln schälen und in Ringe schneiden, die Fisolen putzen, in Stücke schneiden und kochen. Zwiebelringe, Fisolen, fein gehackten Knoblauch, Rosmarin und Thymian im Öl erhitzen und alles gut vermischen. Mit Salz, Pfeffer und Zucker würzen und eine halbe Stunde einwirken lassen. Das Gemüse danach in eine gebutterte Form geben, mit den Streuseln bestreuen und bei 180 °C ungefähr eine halbe Stunde gratinieren.

Für die Basilikumbutter Fischfond auf die Hälfte einreduzieren, Basilikumblätter hinzufügen und pürieren. Dann das Obers dazugeben und kurze Zeit köcheln lassen, mit der Butter aufmixen und mit Salz und Pfeffer abschmecken.
Weißwein und Fischfond mit einigen Basilikumblättern in einer Pfanne aufkochen, den Wels in den Fond legen. Bei ca. 85 °C rund 10 Minuten ziehen lassen.

Den Wels mit den Paradeiserstreuseln und der Basilikumbutter auf Tellern anrichten, eventuell mit Basilikum garnieren.

Tipp: Zu festem Fischfleisch und Paradeisern passt ein kräftiger Weißwein wie ein Traminer im Barrique-Ausbau.

Hecht am Spieß gegrillt im Schweinsnetz mit Wurzelgemüse

1 Hecht (mindestens 2 kg)
Zitronensaft
Salz und Pfeffer
3 EL Kräuter-Knoblauch-Butter
3 EL Pesto (mit Kräutern der Provence*)
1 Holzspieß
Küchengarn
eventuell 1 Schweinsnetz

* Pesto mit Kräutern der Provence: Meersalz, Milchzucker, Zwiebeln, Pflanzenöl, Karotten, Macis, Petersilie, Lauch, Kurkuma, Liebstockwurzel, Paradeiserflocken und Kräuter der Provence zu einer flüssigen Paste durchmixen. Pesto in ein Glas abfüllen, einige Tage durchziehen lassen, dann kann es mehrere Wochen aufbewahrt werden.

Den Hecht schuppen, ausnehmen, waschen und trocken tupfen. Außen und innen mit Zitronensaft beträufeln, mit Salz, Pfeffer, Kräuter-Knoblauch-Butter und Pesto einreiben.

Den Holzspieß durch den Hecht stecken und die Bauchlappen mit Küchengarn zunähen. Dann den Hecht mit dünn geschnittenen Speckscheiben umwickeln und in ein Schweinsnetz einwickeln (oder mit Küchengarn verschnüren). Ruhen lassen und inzwischen das Feuer bzw. die Glut vorbereiten.

Den Hecht über der Glut grillen, dabei ständig drehen (bei einem 2 kg Hecht dauert das bei mittlerer Hitze ca. 30–45 Minuten).

Tipp: Man kann den Hecht auch noch mit Steinpilzscheiben und Speck füllen. Als Beilage passen Folienerdäpfel, bietet sich doch die Glut dafür an.

Alpenlachs© in der Folie mit grünem Spargel

4 Alpenlachsfilets à 120 g
Salz und Pfeffer
etwas Öl
100 g Gemüse nach Saison
(z. B. Karotten, Gelbe Rüben)
300 g grüner Spargel
1 reife Kaki
2 Paradeiser
Basilikum

Wenn einmal der Herd kurzfristig versagt und die Gäste schon im Anmarsch sind …

Die Fischfilets enthäuten, portionsweise in Alufolie legen, salzen, pfeffern, mit etwas Öl beträufeln und einpacken. Ca. 8–10 Minuten mit dem Bügeleisen auf höchster Stufe einseitig garen.
Das Gemüse schälen und in Scheiben schneiden, den Spargel schälen, beides in Alufolie wickeln und auch auf diese Art zubereiten, allerdings reichen dafür ca. 5–6 Minuten.
Kaki in Scheiben schneiden, darauf den Spargel anrichten, Fisch darüberlegen und mit dem Gemüse und den in Würfel geschnittenen Paradeisern garnieren.

Tipp: Ansonsten im Ofen auf herkömmliche Art bei 160 °C ca. 12 Minuten garen.

Zander in Strudelteigblättern mit rotem Püree und Julienne vom Schinkenspeck

500 g Zanderfilet
Wasabi
Salz und Pfeffer
8 Salbeiblätter
4 Scheiben Schinkenspeck (alternativ auch Bresaola, Bündner Fleisch, Lendbratl)
½ Packung Strudelteigblätter
Butter zum Bestreichen
1 Eiklar
1 TL Zwiebelsamen

Püree

400 g mehlige Erdäpfel
250 g Rote Rüben
50 g Butter
Salz und Pfeffer
1 Prise Kreuzkümmel
Wasabi nach Geschmack

Saft von 1 Orange
etwas Butter
1 Prise Koriander
1 EL Kren

Die Zanderfilets mit etwas Wasabi bestreichen, mit dem Salbei und dem in feine Streifen geschnittenen Schinkenspeck belegen.
Den Strudelteig mit Butter bepinseln, den Fisch darin einrollen, mit Eiklar bestreichen, mit Zwiebelsamen bestreuen und ca. 15 Minuten im Backofen bei 200 °C backen.
Für das Püree die Erdäpfel kochen, schälen und pressen, die Roten Rüben kochen und schälen, die Hälfte in Scheiben schneiden, diese beiseitelegen. Die restlichen Roten Rüben pürieren und mit allen anderen Zutaten zu einem cremigen Püree vermengen. Die Rote-Rüben-Scheiben in etwas Orangensaft und Butter köcheln, bis der Saft glaciert und mit Koriander und frisch geriebenem Kren würzen.

Den fertigen Zanderstrudel portionieren, mit dem roten Püree und den glacierten Roten Rüben anrichten.

Äsche in Oberssauce

Rezept von Maria Köpfelsberger

4 küchenfertige Äschenfilets
Salz
1 EL Petersilie
1 EL Thymian
½ Knoblauchzehe
Mehl
Butter und Öl
125 ml Weißwein
1 Becher Obers

Die Äschen enthäuten, mit Salz, fein gehackter Petersilie, Thymian und gepresstem Knoblauch einreiben.
Die Hautseite bemehlen und in einer Butter-Öl-Mischung leicht anbraten.
Mit Weißwein ablöschen und noch etwas im Backrohr dünsten lassen. Herausnehmen, mit Obers aufgießen und gleich servieren.

Tipp: Diese einfache und gute Zubereitung eignet sich auch für Zander, allerdings mit anderen Kräutern (Rosmarin, Dill, Koriandergrün etc.). Als Beilage empfiehlt sich Kräuterreis.

Seesaibling mit Junkerwirsing und Steirer-Aioli

4 Seesaiblingsfilets à 120 g
Salz und Pfeffer
Maismehl
etwas Butter und Rapsöl zum Anbraten

Junkerwirsing

250 g Wirsing
120 g Muskatkürbis
100 g Speckwurst
Gewürze (Koriander,
Kreuzkümmel, Chilipulver)
60 g Zwiebeln
2 Knoblauchzehen
100 ml Junker, weiß
etwas Maisstärke
1 EL Petersilie
Salz und Pfeffer

Steirer-Aioli

1 kleiner mehliger Erdapfel
4 EL Kürbiskernöl
2 EL heißer Gemüsefond
1 Knoblauchzehe
Salz und Pfeffer

Für den Junkerwirsing den Wirsing klein schneiden, vom Muskatkürbis Kugeln ausstechen und die Speckwurst kleinwürfelig schneiden. Einige Würfel für die Garnitur beiseitegeben.

Die Wurstwürfel anbraten, dann die Gewürze, die Kürbiskugeln, die fein gehackten Zwiebeln und den Knoblauch hinzufügen und kurz schmoren lassen. Die Wirsingstreifen dazugeben und weitere 2–3 Minuten schmoren, mit Junker ablöschen und leicht köcheln lassen, bis der Wirsing gerade noch leicht knackig ist. Eventuell mit etwas Stärke binden, die fein gehackte Petersilie dazugeben und abschmecken.

Für die Steirer-Aioli den gekochten, geschälten Erdapfel pürieren, mit dem Kernöl, dem Gemüsefond, dem fein gehackten Knoblauch sowie Salz und Pfeffer zu einer cremigen Konsistenz aufmixen.
Den Seesaibling würzen, leicht in Maismehl wenden, im heißen Butter-Öl-Gemisch kurz anbraten und fertig ziehen lassen.

Den Fisch auf dem Junkerwirsing anrichten, mit der Steirer-Aioli umträufeln und mit den Speckwurstwürfeln garnieren.

Tipp: Auf dem Foto sehen Sie als Dekoration Hippenringe, diese kann man beim Anrichten von verschiedenen Gerichten dekorativ einsetzen. Dazu Nudelteig dünn ausrollen, in beliebige Formen schneiden, über eine Form legen (z. B. eine hitzebeständige Schüssel) und goldbraun backen.

Störfilets mit Schwammerlsterz

„Kaiserlicher Sterz & Zarenflosse“

600 g Störfilet
Szechuanpfeffer
Korianderkörner
Zitronenmarmelade, mit frischgehacktem
Thymian vermengt
Öl zum Braten

Eierschwammerlsterz

350 g Eierschwammerl
100 g Zwiebeln
2 Knoblauchzehen
Thymian
40 g Butter
20 g getrocknete Paradeiser
500 ml Gemüsefond
200 g Polentagries
500 ml Milch
Muskatnuss, gerieben
Salz und Pfeffer

Paprikasauce

1 rote Paprikaschote
1 Paradeiser
200 ml Gemüsefond
½ EL ÖL
Salz und Pfeffer

Störfilet enthäuten, in 4 Portionen teilen und mit Szechuanpfeffer und Koriander würzen.

Für den Sterz die Eierschwammerl putzen, wenn nötig in Stücke schneiden, mit fein gehacktem Knoblauch sowie mit Thymian in Butter anschwitzen, die in Streifen geschnittenen getrockneten Paradeiser kurz mitbrutzeln lassen. Mit Gemüsefond ablöschen und aufköcheln lassen, Polentagries einrühren und nach und nach die Milch zugießen, bis der Sterz cremig wird, mit Muskatnuss, Salz und Pfeffer würzen.

Für die Paprikasauce die Paprikaschote im Backofen bei 200 °C Oberhitze braun rösten, danach die Haut abziehen, Fruchtfleisch in Stücke schneiden. Den Paradeiser einritzen, heiß überbrühen, Haut abziehen, Saft und Kerne entfernen und das Fruchtfleisch klein schneiden. Paprikastücke und Paradeiserstücke mit dem Gemüsefond, dem Öl und den Gewürzen mixen und zu einer sämigen Konsistenz einkochen lassen. Nochmals abschmecken und durch ein Haarsieb passieren.

Die Störstücke mit Zitronen-Thymian-Marmelade bestreichen, in heißem Öl kurz anbraten und im Backrohr bei 160 °C ca. 5 Minuten rosa fertig garen.

Auf dem Eierschwammerlsterz den Fisch anrichten. Dazu die Paprikasauce reichen.

Tipp: Dazu kann man noch Gemüse nach Marktangebot servieren, zum Beispiel Blattspinat oder Wurzelgemüse.

Zander mit Vulcano-Schinken, Chicorée und Grapefruit-Vanille-Sauce

4 Zanderfilets à 120 g
8 Scheiben Vulcano-Schinkenspeck
(oder ein anderer Schinkenspeck)
Szechuanpfeffer
Öl zum Braten

2–3 Stk. Chicorée-Salat
etwas Zucker
1 Schuss weißer Balsamessig
Salz und Pfeffer

Sauce
2 Grapefruits
50 g Jungzwiebeln (oder Lauch)
30 g Butter
½ Vanilleschote
etwas Prosecco
100 ml Fisch- oder Gemüsefond
etwas Honig
Crème fraîche
1 EL Basilikumstreifen
1 TL Kurkuma
etwas Chilipulver
Salz und Pfeffer

Die Zanderfilets in den Schinkenblättern einrollen, mit Szechuanpfeffer würzen, dann in heißem Öl kurz auf allen Seiten anbraten. Anschließend einige Minuten im Backrohr bei 160 °C fertig garen.
Die Chicoréeblätter in heißem Öl anbraten, etwas Zucker dazugeben und karamellisieren lassen. Mit Balsamessig ablöschen, einköcheln lassen und mit Salz und Pfeffer abschmecken.

Für die Sauce eine Grapefruit auspressen, die zweite filetieren. Die Vanilleschote längs aufschneiden, das Mark herauskratzen und beiseite stellen. Die Jungzwiebeln in feine Ringe schneiden, mit etwas Butter und der ausgekratzten Vanilleschote anschwitzen, mit Prosecco, Gemüsefond, Grapefruitsaft ablöschen, etwas einköcheln lassen. Honig, Crème fraîche und Basilikum dazugeben, Vanilleschote entfernen und mit dem Stabmixer alles aufmixen. Mit Kurkuma, Chilipulver, Salz und Pfeffer abschmecken, passieren und das zuvor ausgekratzte Vanillemark einrühren.

Den Zander auf dem Chicorée und der Sauce anrichten.

Reinanke mit Trauben-Couscous und Chili-Orangen-Öl

2 ganze Reinanken
Salz und Pfeffer
Maismehl
Kräuter der Provence
einige Thymianzweige
Öl und Butter zum Braten
50 g Pistazien, gehackt
Chili

Trauben-Couscous
150 g Couscous
½ TL Zitronenzesten
60 g Jungzwiebel
20 g Ingwer
Gewürze (z. B. Chili-,
Koriander-, Currypulver)
1 EL Honig
20 g Pinienkerne
2 EL Öl
100 ml Gemüsefond
einige Tropfen Weißweinessig
100 g Trauben
frische Kräuter
Salz

Gemüse
150 Karotten
100 g Kirschparadeiser
150 g Blattspinat
Öl zum Braten

Dazu passt Chili-Orangen-Öl hervorragend:
200 ml Orangensaft auf ⅓ einreduzieren,
mit 2 EL Öl, einigen eingeweichten Safranfäden
und Chiliflocken nach Belieben gut vermischen.

Die fangfrischen Reinanken ausnehmen, die Haut 3–4 Mal einschneiden.

Den Couscous mit Zitronenzesten, in Ringe geschnittenen Jungzwiebeln, fein gehacktem Ingwer, den Gewürzen, Honig und Pinienkernen im Öl kurz anrösten. Mit Gemüsefond und Essig aufgießen und abdecken, von der Herdplatte nehmen, ca. 8–10 Minuten ziehen lassen und danach mit einer Gabel kurz durchrühren. Trauben vierteln, entkernen und zum Couscous geben, mit fein gehackten Kräutern und Salz würzen.

Karotten in Scheiben schneiden, Paradeiser vierteln und mit dem Spinat in Öl anschwitzen, bis das Gemüse knackig ist.
Die Reinanken salzen, pfeffern, in der Maismehl-Kräuter-Mischung wenden und innen mit Thymianzweigen belegen. In der Öl-Butter-Mischung anbraten und im Backofen bei 160 °C noch einige Minuten nachgaren lassen.
Den Fisch mit Gemüse und Couscous servieren.

Tipp: Wenn man den ganzen Fisch 3–4 Mal einschneidet, bleibt er beim Braten in Form und krümmt sich nicht.

Störfilets mit Mangold, Süßkartoffeln und Pilzen

4 Störfilets à 120 g
100 g geräucherte Entenbrust
Salz und Pfeffer
Nussöl zum Braten
160 g Steinpilze
160 g Süßkartoffeln
250 g Mangoldblätter
100 g Zwiebeln
1 Knoblauchzehe
Thymian
Korianderkörner aus der Mühle
Kreuzkümmel
Salz und Pfeffer
Zucker
Butter und Öl
40 g Walnüsse
etwas Nussöl

Die Störfilets mit in Stifte geschnittener Entenbrust spicken.
Steinpilze putzen und in Scheiben schneiden, Süßkartoffeln schälen und würfelig schneiden, Mangoldblätter waschen und in Streifen schneiden (Stiele beiseitegeben).
Fein gehackte Zwiebeln und Knoblauch, Süßkartoffeln, Pilze und Mangoldstiele mit den Gewürzen in Butter und Öl anbraten.
Wenn die Süßkartoffeln fast gar sind, die Mangoldblätter und die Walnüsse dazugeben und kurz mitbraten, abschmecken und mit etwas Nussöl verfeinern.
Die Störfilets leicht salzen und pfeffern, in Nussöl beidseitig jeweils ca. 6–8 Minuten anbraten und auf dem Gemüse anrichten.

Jüdischer Karpfen auf Alt-Leopoldstädter Art

1 ganzer Karpfen (ca. 1,5 kg)
Essig
Salz
1 Bund Wurzelwerk, geschält und geschnitten
1 Zwiebel, geschält und halbiert
2 Knoblauchzehen, geschält und halbiert
1 l Wasser
Pfefferkörner

Sauce
20 g Mehl
1 TL Petersilie
1 TL Paradeisermark
4 TL Mandeln, geschält und gestoßen
1 TL Zucker
Pfeffer

Den Karpfen waschen, schuppen, ausnehmen (das Blut in einer mit etwas Essig gefüllten Schale auffangen) und filetieren, salzen, Kopf und Beuschel beiseitelegen, Beuschel fein hacken.
Geputztes und geschnittenes Wurzelwerk, Karpfenkopf, Zwiebel, Knoblauch und Pfefferkörner in Wasser aufsetzen und kochen, bis das Wurzelwerk weich ist, dann in einen möglichst großen Topf sieben und den Sud abermals köcheln lassen. Die in Stücke geschnittenen Karpfenfilets dazugeben und kochen, bis sie gar sind.
Für die Sauce Mehl, Pfeffer, gehackte Petersilie, Paradeisermark, Fischblut, Fischbeuschel sowie 2 TL Mandeln und Zucker gut miteinander vermengen und in den Sud mit den Fischstücken rühren.
Die Fischstücke vorsichtig aus der Sauce herausnehmen, in eine vorgewärmte Schüssel geben und mit Alufolie abdecken. Die Sauce zu einer sämigen Konsistenz einkochen lassen und nochmals abschmecken.
Karpfenstücke mit den restlichen Mandeln bestreut anrichten, mit der Sauce servieren.

Tipp: Wer kein Fischblut verwenden will, muss etwas mehr Mehl zum Binden nehmen. Dieses Gericht schmeckt auch kalt ganz hervorragend.

Stör mit Blutwurstravioli, Blattspinat und Rote-Rüben-Sauce

4 Störsteaks à ca. 120 g
Öl zum Braten

Marinade
2 EL Orangensaft
1 TL Zitronenzesten
1 EL Lavendelsirup
2 EL Mohnöl
2 TL schwarze Pfefferkörner, zerstoßen
etwas Zimt-, Koriander- und Nelkenpulver

Ravioli
250 g Nudelteig
(Rezept siehe Zuckerhutfleckerl, S. 213)
8 Scheiben Blutwurst (ca. 1 cm dick)
½ Bund frische Kräuter

Sauce
20 g Zucker
250 ml Rote-Rüben-Saft
125 ml Rotwein
65 ml Portwein
20 g kalte Butterstückchen
Salz und Pfeffer
etwas Lebkuchengewürz
20 g frischer Kren

300 g Blattspinat, blanchiert
Salz
Butter

Alle Zutaten für die Marinade gut verrühren und die Störsteaks darin 30 Minuten marinieren.

Für die Ravioli den Nudelteig ausrollen, die untere Hälfte mit Blutwurstscheiben belegen, mit den fein gehackten Kräutern bestreuen. Die obere Teighälfte über die Fülle klappen, die einzelnen Teigtaschen ausstechen, die Teigränder gut verschließen.

Für die Sauce den Zucker karamellisieren, mit Rote-Rüben-Saft, Rotwein und Portwein aufgießen, einreduzieren lassen und mit kalten Butterstückchen montieren. Mit Salz und Pfeffer aus der Mühle sowie Lebkuchengewürz abschmecken (den frischgeriebenen Kren erst kurz vor dem Servieren dazugeben).

Etwas Öl in einer Pfanne erhitzen, marinierte, gut abgetropfte Störsteaks auf der Hautseite anbraten und im Backofen bei 160 °C ca. 6 Minuten fertig garen.

Den Spinat in kochendem Wasser blanchieren, in Eiswasser abschrecken und abtropfen lassen. Danach in Butter schwenken und abschmecken.

Die Ravioli in kochendem, gesalzenem Wasser bissfest garen, abtropfen lassen und mit dem Fisch auf dem Blattspinat anrichten und mit der Sauce umkränzen.

Tipp: Wenn Sie Filets vom Stör verwenden: beim Servieren mit der Hautseite nach oben legen, die Haut zu ⅔ abziehen und einrollen. Die Sauce könnte man eventuell auch mit Zwetschken oder Apfelstücken verfeinern.

Gebackene Erdäpfelknödel mit geräuchertem Alpenlachs©

Für ca. 25–30 Stück
1 kg mehlige Erdäpfel
250 g Mehl
2 Eier
Salz, Muskatnuss
500 g geräucherter Alpenlachs©

Panier
Mehl, Eier, Semmelbrösel
25–30 Holzstäbchen, je 9,5 cm lang

Essigkren
2 Karotten in dünne, kurze Streifen geschnitten
¼ Krenwurzel (ca. 50 g), gerieben
6 EL Apfel-Honigessig
10 EL Rapsöl
Salz und Pfeffer

Die Erdäpfel in der Schale kochen, gut ausdämpfen, schälen, schnell passieren und mit Mehl, Eiern, Salz und geriebener Muskatnuss rasch zu einem Teig verarbeiten. Daraus eine Rolle von ca. 5 cm Durchmesser formen, in ca. 2 cm dicke Scheiben schneiden, diese etwas flach drücken und mit dem in feine Streifen geschnittenen *Alpenlachs©* als Fülle belegen, kleine Knödel formen und diese panieren, die Holzstäbchen hineinstecken und die Knödel frittieren.

Für den Essigkren alle Zutaten gut vermengen. Die Erdäpfelknödel mit dem Essigkren servieren.

Seesaibling auf Salzkruste

1 Seesaiblingsfilet (ca. 800 g), ohne Bauchlappen
Salz und Pfeffer
Korianderkörner aus der Mühle
Öl

Salzkruste

500 g grobes Meersalz
50 g Oliven, entkernt
2 Zwiebeln
5 Knoblauchzehen
1–2 Eiklar
Rosmarin
Thymian
Chiliflocken nach Geschmack

Sauce

50 g Zwiebeln
50 g Karotten
60 g Walnüsse
Korianderkörner, gemahlen
Szechuanpfeffer
30 g Butter
100 ml Balsamessig
100 ml Gemüsefond
2 EL Obers

Das Seesaiblingsfilet entgräten, die Haut leicht einstechen. Für die Salzkruste das Meersalz mit den klein geschnittenen Oliven, Zwiebeln und Knoblauchzehen, mit steif geschlagenem Eiklar, fein gehacktem Rosmarin und Thymian sowie Chiliflocken mischen. Diese Paste ca. 2 cm dick in eine feuerfeste Form streichen.

Das Fischfilet mit Salz, Pfeffer und Koriander bestreut auf die Salzkruste legen und für ca. 12 Minuten bei 180 °C im Backofen garen.

Für die Sauce fein gehackte Zwiebeln, würfelig geschnittene Karotten, grob gehackte Walnüsse, Koriander und Szechuanpfeffer in 15 g Butter anschwitzen, mit Balsamessig ablöschen und einköcheln lassen. Mit Gemüsefond aufgießen und weiterköcheln, mit der restlichen kalten Butter und steif geschlagenem Obers montieren und abschmecken.

Vor dem Anrichten den Fisch mit einigen Tropfen Öl beträufeln und nochmals mit gemahlenem Koriander bestreuen. Den Fisch im Ganzen mit den Beilagen servieren.

Tipp: Als Beilage passt Kräuterreis (wie Persischer Reis, S. 181), wobei allerdings anstelle der Erdäpfel Fladenbrot den Boden bilden soll, darauf schichtweise Reis und fein gehackte Kräuter (Petersilie, Dill) füllen.

Variante: Dazu passt auch Topinamburcreme sehr gut. Geschälte Topinambur in Milchwasser weich kochen, passieren, mit etwas Obers und Butter montieren, mit Salz, Pfeffer und Muskat abschmecken, eventuell noch mit frisch gehobelten Trüffeln bzw. Trüffelöl verfeinern.

Seesaibling-Cordon bleu mit warmem französischem Salat

4 Seesaiblings-Schmetterlingsschnitzel
à ca. 130 g
Salz und Pfeffer
Zitronensaft
4 TL Ziegentopfen
4 Scheiben Schinken
etwas Blattspinat
Mehl
2 Eier
Kräuter-Semmelbrösel-Mischung
Butterschmalz oder Öl zum Herausbacken
½ Bd. Petersilie
4 Zitronenscheiben

Salat
2 fest kochende Erdäpfel
1 große Karotte
1 Knollensellerie
1 kleiner Apfel
Zitronensaft
2 Essiggurkerl
50 g Erbsen
2 EL Crème fraîche
80 g Mayonnaise
Salz und Pfeffer
Weißweinessig

Für den Salat das Gemüse bissfest kochen, Erdäpfel, Karotten und Sellerie schälen und würfelig schneiden.
Apfel schälen, kleinwürfelig schneiden und mit Zitronensaft beträufeln, Essiggurkerl ebenfalls in kleine Würfel schneiden. Alle Zutaten mit Crème fraîche und der Mayonnaise vermischen, mit Salz, Pfeffer und Essig oder Zitronensaft abschmecken.
Von den Seesaiblingsschnitzeln die eventuell darin verbliebenen Gräten entfernen, salzen und mit Zitronensaft beträufeln. Dann mit dem Ziegentopfen, dem Schinken und dem blanchierten, ausgepressten Blattspinat füllen, zusammenklappen. In Mehl wenden, durch verquirlte Eier ziehen und in der Kräuter-Semmelbrösel-Mischung wenden. Die so panierten Fischstücke in Butterschmalz oder Öl schwimmend bei mäßiger Hitze goldbraun backen, herausheben und mit Küchenpapier trocken tupfen.

Den Salat vorsichtig bis maximal 60 °C erwärmen (am besten im Backofen) und gemeinsam mit dem Fisch anrichten, mit Petersilie und Zitronenscheiben garnieren.

Reinanke à la Oliver

2–3 Reinanken (ca. 800 g)
etwas Butter
1 EL Schnittlauchröllchen
1 EL Petersilie
1 TL Estragon
Salz und Pfeffer
Saft von 1 Orange und einige Zesten
Saft von 1 Zitrone und einige Zesten

Sauce
200 ml Fischfond
250 ml Obers
8 cl Weißwein
4 Safranfäden
1 TL weiche Butter
Salz und Pfeffer

Gemüse
150 g Gemüse nach Saison
1 EL Öl
Salz und Pfeffer
1 Prise Zucker

Die Reinanken filetieren und die Haut abziehen, Karkassen mit einer Schere vom Kopf trennen, zu einem „O“ formen und mit einem Zahnstocher fixieren. Eine kleine Pfanne mit Butter bestreichen, das „O“ hineinlegen und mit etwas Wasser begießen, im Backrohr pochieren (wird dann als Dekor beim Servieren verwendet).

Die Filets gleichmäßig schräg der Länge nach in drei Teile schneiden, aus der Haut und den restlichen Karkassen einen Fond herstellen (siehe Zubereitung am Beginn des Rezeptteils, S. 66).
Die Filets mit Schnittlauchröllchen, fein gehackter Petersilie und Estragon, mit Salz, Pfeffer und Orangen- sowie Zitronensaft und den Zesten würzen.
Ein Backblech mit eingefettetem Backpapier belegen. Filets darauflegen und mit etwas Fischfond beträufeln. Dann mit einem weiteren Papierbogen zudecken und den Fisch gut mit dem Papier „einpacken“, die Papierenden gut verschließen und die Päckchen bei 160 °C ca. 8–10 Minuten garen.
Für die Sauce Fischfond, Obers und Weißwein mit Safran bis auf 200 ml reduzieren, Butter aufmixen und mit Salz und Pfeffer abschmecken.
Das Gemüse (zum Beispiel Frühlingskarotten und -zwiebeln, Spargel, Fisolen, Zuckererbsen) putzen, wenn nötig schälen und in gewünschte Formen (Würfel, Streifen, Blumen) schneiden, in Öl langsam braten, salzen, pfeffern und mit Zucker abschmecken, dabei den Zucker leicht bräunen.
Auf einer erwärmten Platte das Gemüse mittig anrichten, das Karkassen-O daraufsetzen und mit den Fischfilets belegen.
Den Sud vom Backblech zur Sauce geben, nochmals mixen und damit den Fisch umgießen.

Tipp: Dazu passen als Beilage dünne Bandnudeln, eventuell mit frischen Kräutern oder essbaren Blumen garniert.

Forelle mit Orangen-Mandel-Sauce und Persischem Reis

4 küchenfertige Forellen
2–3 EL Maismehl
½ TL Safranpulver
Butter und Öl zum Braten

Persischer Reis
300 g Basmatireis
Salz
2 Erdäpfel
Öl
8 Safranfäden
3 EL Butterflocken

Orangen-Mandel-Sauce
2 Orangen
etwas Orangen- und Zitronensaft
Zesten von ½ Orange
Meersalz und Pfeffer
1 TL Öl
2 EL Mandelblättchen

Den Basmatireis waschen und über Nacht in Salzwasser einweichen, dann in der doppelten Menge Salzwasser bissfest kochen, das restliche Wasser abgießen.
Die Erdäpfel schälen und in Scheiben schneiden. In eine Auflaufform so viel Öl geben, dass der Boden bedeckt ist, die Erdäpfelscheiben dicht einschichten und den Reis darüber verteilen. Den Safran in warmem Wasser auflösen und auf dem Reis verteilen. Mit einem Geschirrtuch zugedeckt auf der Herdplatte (oder in einem Reiskocher) fertig garen. Mit Butterflocken belegen und bei abgeschalteter Platte ausdampfen lassen.

Für die Sauce die filetierten Orangen in Stücke schneiden, mit Orangen- und Zitronensaft, Orangenzesten, Salz, Pfeffer, Öl sowie den Mandelblättchen vermischen, ziehen lassen.
Die Forellen waschen, trocken tupfen und im mit Safranpulver vermischten Maismehl wenden. Im Butter-Öl-Gemisch sanft braten.
Den Reis aus der Form stürzen und zu den Forellen mit der Orangensauce servieren.

Gefüllte Lachsforelle

1 Lachsforelle (ca. 600 g)
Salz und Pfeffer

Farce

150 g Fischstücke
(Lachsforelle, Hecht
oder Weißfische)
100 ml Obers
1 Eiklar
40 g Weißbrot, ohne Rinde
Salz und Pfeffer
Kräuter nach Belieben
je 80 g Lauch, Gelbe Rüben
und Karotten

20 g Butter
2 cl Wermut
150 g Champignons
500 ml Fischfond

Sauce

2 Schalotten
40 g Gemüse (Karotten, Lauch,
Spargel, Gelbe Rüben etc.)
20 g Butter
100 ml Weißwein
2 EL Crème fraîche
Saft einer ½ Zitrone
Salz und Pfeffer

Die Lachsforelle unter fließendem Wasser waschen, die Bauch- und Rückenflossen abschneiden.

Wenn man es sich zutraut, die Forelle vorsichtig vom Rücken her auslösen und ausnehmen (der Fischhändler nimmt sicherlich gerne eine frische Lachsforelle entsprechend aus, wenn man sich selbst davor scheut). Den Fisch danach wiederum gründlich abspülen und trocken tupfen.

Für die Farce die Fischstücke und die übrigen Zutaten (alles sollte gut gekühlt sein) cuttern und durch ein Sieb streichen.

Lauch fein schneiden, Gelbe Rüben und Karotten würfelig schneiden, das Gemüse kurz in Butter anschwitzen, abkühlen lassen, mit der Lachsfarce vermischen und mit Wermut abschmecken.

Nun den ausgenommenen Fisch auseinanderklappen, würzen, mit der Farce-Gemüse-Mischung bestreichen und die Fischränder schuppenförmig mit den blättrig geschnittenen Champignonköpfen (Pilzstiele beiseite geben) belegen. Den Fisch in Frischhaltefolie wickeln, in einem passenden Geschirr auf ein Gitter in den Dampfgarer legen und bis knapp unter das Gitter mit ca. 80 °C heißem Fond angießen.

Abgedeckt 15–18 Minuten bei mittlerer Hitze gar dämpfen, den Fisch dann herausnehmen und warm stellen, den Fischfond durchseihen, zum restlichen Fond geben und beiseitestellen.

Für die Sauce die Schalotten fein hacken, das Gemüse und die Pilzstiele in Streifen schneiden, alles in Butter anschwitzen, mit Weißwein ablöschen, einkochen lassen, mit dem restlichen Fischfond auffüllen und mit Crème fraîche verrühren. Die Sauce mit Zitronensaft, Salz und Pfeffer abschmecken, zur gefüllten Forelle servieren.

Tipp: Statt mit Frischhaltefolie kann man den Fisch auch mit blanchierten Lauchstreifen oder Frühlingszwiebel-Grün umwickeln, damit er zusammenhält.

Zander mit süß-saurer Peperonata und Polenta-Goldfischchen

4 Zanderfiletstücke à 120 g
Salz und Pfeffer
Öl und Butter zum Braten

Peperonata
200 g rote und gelbe Paprikaschoten
1 rote Zwiebel
2 Knoblauchzehen
20 g Ingwer
100 g Lauch
1 EL Öl
3 EL Balsamessig
100 g Paradeiser
3 EL Ketchup
etwas Maisstärke
Salz und Pfeffer
2 EL Honig

Goldfischchen
120 g Polentagries
250 ml Gemüsesuppe
100 ml Milch
2 TL Butter
1 kleine Zwiebel
50 g Asmonte, gerieben
Muskatnuss, gerieben
Salz
Butter zum Braten

Für die Peperonata Paprikaschoten im Ganzen im Backofen bei 200 °C Oberhitze bräunen, dann in Alufolie ca. 10–15 Minuten rasten lassen und die Haut abziehen, in Stücke schneiden. Zwiebel und Knoblauch fein hacken, Ingwer in feine Streifen schneiden, Lauch in Rauten schneiden. Alles in heißem Öl andünsten, mit Balsamessig ablöschen. Würfelig geschnittene Paradeiser, geröstete Paprikastücke und Ketchup dazugeben, leicht köcheln lassen und dann mit Maisstärke binden. Mit Salz, Pfeffer und Honig abschmecken.
Für die Goldfischchen den Polentagries in die köchelnde Gemüsesuppe mit der Milch und der Butter einrühren, bis die Masse dick und cremig wird. Die übrigen Zutaten untermischen, dann auf eine geölte Folie streichen, mit Folie abdecken und gleichmäßig ca. 1 cm dick auswalken. Im Kühlschrank fest werden lassen, kurz vor dem Anrichten herausnehmen, fischförmig ausstechen oder ausschneiden und die Goldfischchen in Butter knusprig anbraten.
Die Zanderfilets im heißen Öl-Butter-Gemisch auf der Hautseite knusprig anbraten und ein paar Minuten im Backrohr vollenden.

Die saftig gebratenen Zanderfilets auf der Peperonata mit den Polenta-Goldfischchen als Beilage anrichten.

Tipp: Mit etwas Bärlauchöl verfeinern.

Teichmuscheln mit Ricottanockerl und Gemüse

4 Teichmuscheln à 200 g
Salz und Pfeffer
65 ml Weißwein
100 ml Fischfond

Nockerl
250 g Ricotta
50 g glattes Mehl
1 Ei
Muskatnuss, gerieben
etwas Öl
Salz und Pfeffer

Gemüse
200 g Brokkoli
100 g rote Walnüsse
etwas Öl

Sauce
200 ml Orangensaft
½ TL Orangenzesten
100 ml Obers
25 g Butter

Für die Nockerl alle Zutaten zu einem glatten Teig verarbeiten. Mit zwei Esslöffeln Nockerl abstechen, in wallendem Salzwasser ca. 5 Minuten ziehen lassen, danach in kaltem Wasser abschrecken.

Die frischen Teichmuscheln wie Austern öffnen, das Muschelfleisch auslösen, die Schalen säubern. Die Muscheln salzen und pfeffern und maximal 3 Minuten in Wein mit Fond gemischt pochieren.
Den in kleine Röschen zerteilten und bissfest gekochten Brokkoli mit den Nüssen in Öl anbraten, dann mit je einem Nockerl mittig in den Muschelschalen anrichten, die Teichmuscheln darauflegen und mit einer reduzierten Sauce aus Orangensaft, Zesten, Obers und einmontierter Butter umkränzen.

Seesaibling in Karfiolsuppe mit Bärlauchcrackern

400 g Seesaiblingsfilet
Öl zum Braten

Gewürzmischung

2 Bund Petersilie, glatt
2 Bund Dill
200 g Meersalz
200 g Zucker
2 TL bunte Pfefferkörner
2 TL Koriander
2 TL Senfkörner
5 Wacholderbeeren
2 EL Öl

Karfiolsuppe

800 g Karfiol
etwas Koriander
Kreuzkümmel, Chilipulver
Muskatblüte oder Muskatnuss, gerieben
20 g Ingwer
2 Knoblauchzehen
80 g Zwiebeln
80 ml Gemüsefond
Saft einer ½ Zitrone
250 ml Kokosmilch
3 EL Joghurt, mit frischem, gehacktem Koriander verrührt
1 säuerlicher Apfel

Bärlauchcracker

2 Bund Bärlauch
70 g Butter
250 g Mehl
100 g Crème fraîche
etwas Essig
Salz und Pfeffer

Den Seesaibling in kleine Stücke schneiden. Für die Gewürzmischung die Kräuter fein hacken, mit allen übrigen Zutaten gut vermischen und die Fischstücke darin gründlich wälzen, in Folie über Nacht marinieren lassen.

Für die Suppe den Karfiol sauber putzen, waschen und zerteilen. In einem großen Topf die gemahlenen Gewürze mit fein gehacktem Ingwer, Knoblauch und Zwiebeln in etwas Öl anschwitzen, Karfiol dazugeben und mit Gemüsefond aufgießen. Zitronensaft hinzufügen und weich köcheln lassen. Die Hälfte des Karfiols herausnehmen, pürieren und zurück in die Suppe geben. Kokosmilch, Joghurt sowie den geschälten, in Würfel geschnittenen Apfel dazugeben und zu einer sämigen Konsistenz einkochen lassen.

Für die Cracker den fein gehackten Bärlauch mit der weichen Butter mixen, dann mit den restlichen Zutaten für die Cracker zu einem geschmeidigen Teig verarbeiten, eine Stunde im Kühlschrank rasten lassen.

Teig dünn ausrollen, runde oder eckige Formen ausstechen und diese auf einem mit Backpapier ausgelegten Backblech bei 175 °C ca. 10–12 Minuten backen.

Die marinierten Seesaiblingsstücke in heißem Öl kurz braten, mit der fertigen Suppe und den Bärlauchcrackern servieren.

Forelle rot mit Mangold und Erdäpfeln

4 Forellenfilets
Salz und Pfeffer

Sud (für ca. 1 kg Forellen)
1 l kräftiger Rotwein
1 große Zwiebel, geviertelt
1 Petersilienwurzel
etwas Muskatblüte
Pfefferkörner
Gewürznelken

Sauce
2 EL Butter
1 EL Mehl
2 EL Zucker

Beilage
4 kleine Erdäpfel
250 g Mangold
40 g Mandelblättchen
Salz und Pfeffer
Muskatnuss, gerieben
1 Knoblauchzehe
Öl zum Braten

Die Forellenfilets enthäuten und salzen. Die Zutaten für den Sud in einem Topf 15 Minuten köcheln lassen. Dann die Hitze reduzieren und die Fischfilets darin je nach Größe 5–10 Minuten ziehen lassen, herausnehmen und warm stellen.
Für die Sauce den Sud durchseihen und auf die Hälfte einkochen. Aus Butter und Mehl eine helle Einbrenn bereiten, mit dem reduzierten Sud aufgießen und gut verrühren.
Zucker karamellisieren, mit dem gebundenen Sud aufgießen und unter ständigem Rühren zu einer dickflüssigen Sauce kochen.

Für die Beilage die Erdäpfel eventuell schälen, in Pilzform schneiden und in Salzwasser weich kochen.
Den Mangold klein schneiden, Mandelblättchen untermischen, mit Salz, Pfeffer, geriebener Muskatnuss und fein gehacktem Knoblauch würzen und in Öl braten, bis er bissfest ist.

Die Fischfilets auf dem Mangold mit den Erdäpfeln anrichten, die Sauce über den Fisch gießen und servieren.

Reinanke mit Avocado-Paradeiser-Tatar

2 Avocados
Zitronensaft
4 Strauchparadeiser
1 Zwiebel
Knoblauchzehe
Senf
Zucker
Sojasauce
2 EL Öl
2 EL Balsamessig
Salz und Pfeffer
4 Reinankenfilets à 120 g
Mehl, Butter und Öl
Zitrone

Die Avocados schälen, vom Kern befreien, Fruchtfleisch in Würfel schneiden und mit Zitronensaft beträufeln. Paradeiser heiß überbrühen, schälen und in Würfel schneiden, Zwiebel und Knoblauch fein hacken, alles mit Senf, Zucker und Sojasauce mischen, Öl und Balsamessig dazugeben, salzen und pfeffern.
Die Reinankenfilets salzen und pfeffern, leicht bemehlen und beidseitig kurz in einer Butter-Öl-Mischung anbraten.

Avocado-Tatar mit einem Löffel zu einer Nocke formen und mit den gebratenen Fischfilets servieren.

Seesaibling mit Süßkartoffelpüree

4 Seesaiblingsfilets à 120 g
Salz und Pfeffer
1 Eiklar
50 g Nüsse
Öl und Butter zum Braten

Püree
400 g Süßkartoffeln
je 1 Prise Kardamom-,
Zimt- und Chilipulver
½ EL Honig
Orangenzesten
Salz und Pfeffer
etwas Butter
4 Ananasscheiben
200 g Blattspinat
Salz und Pfeffer
Muskatnuss, gerieben

Seesaiblingfilets mit Salz und Pfeffer würzen, in das cremig geschlagene Eiklar tauchen und in den geriebenen, gerösteten Nussbröseln wälzen. Dann in der Öl-Butter-Mischung nicht zu heiß auf beiden Seiten anbraten und im Backrohr nachziehen lassen.
Die Süßkartoffeln wie Ofenerdäpfel im Backofen garen, schälen und pürieren, dann mit den Gewürzen und der Butter zu einem cremigen Püree mischen. Das Püree portionsweise in eine Pfanne geben, flach drücken und beidseitig anbraten. Die Ananasscheiben grillen, den blanchierten und gut abgetropften Spinat würzen und anbraten. Die Fischfilets mit den Beilagen auf Tellern dekorativ anrichten.

Tipp: Einige frittierte Vollkornspaghetti sehen als Garnitur nett aus.

die steirische
Käferbohne
HANDVERLESEN
schonend gekocht
Steirer

Räucherfisch in der Dose

4 Reinanken, küchenfertig
Salz
div. Körnergewürze
(Wacholder, Piment, Sesam,
Zwiebelsamen, Koriander)
Räucherchips
Dose und alter, unbeschichteter Topf

Salat

200 g Zuckererbsen
2 große Paradeiser
2 Orangen
120 g Trauben
2 EL Passionsfruchtessig
(oder ein anderer roter Fruchtessig)
2 EL Öl
Salz und Pfeffer

Die Reinanken salzen und mit einem Holzspießchen in die Dose hängen (diese ist oben und unten offen).
Die Dose über einem alten Topf mit Räucherchips und verschiedenen Körnergewürzen auf eine heiße Herdplatte stellen, oben mit Alufolie abdecken. Auf diese Art die Fische ca. 45–60 Minuten räuchern.

Inzwischen für den Salat Zuckererbsen in feine Streifen schneiden, Paradeiser blanchieren, enthäuten, entkernen und klein schneiden, Orangen filetieren und klein schneiden, Trauben viertel und entkernen, mit allen übrigen Zutaten vermengen. Salat mit den geräucherten Reinanken anrichten.

Gedünstete Schleien

4 ganze Schleien à 250 g
Saft einer ½ Zitrone
Salz

Sud
250 ml Weißwein
einige Pfefferkörner
und Wacholderbeeren
1 Lorbeerblatt
100 g Karotten
½ Stange Lauch
100 g Zwiebeln
50 g Butter
1 TL frische Estragonblätter
Salz und Pfeffer
250 ml Obers
½ Bund Petersilie

Die Schleien ausnehmen, waschen, mit Zitronensaft beträufeln und salzen.
Einen Sud aus 250–500 ml Wasser, Wein, Pfeffer- und Wacholderbeeren sowie dem Lorbeerblatt bereiten, zum Wallen bringen und darin die Fische bei schwacher Hitze 15–20 Minuten ziehen lassen. Herausnehmen und in eine gebutterte Auflaufform legen.

Das Gemüse schälen, in Scheiben bzw. feine Ringe schneiden, in heißer Butter andünsten. Etwas vom Fischsud dazugeben und einreduzieren lassen, mit Estragon, Salz und Pfeffer würzen, mit Obers und Petersilie verfeinern.

Die Schleien mit dem Obers-Gemüse servieren.

Amur mit Polenta-Fünfkorn-Kuchen und Käferbohnen-Mayonnaise

600 g Amurfilets
100 ml Rum
Saft von 1 Limette
Salz und Pfeffer
Öl zum Braten
4 Minipaprikaschoten

Polenta-Fünfkorn-Kuchen

1 Zwiebel
1 Jungzwiebel
1 gelbe oder rote Paprikaschote
1 Knoblauchzehe, fein gehackt
1 Prise Chiliflocken
2 EL Öl
200 ml Gemüsefond
400 ml Milch
200 ml Polentagries
150 g Fünfkornflocken
Salz und Pfeffer
1 Eidotter
2 EL Butter zum Braten

Käferbohnen-Mayonnaise

1 Zwiebel
2 Knoblauchzehen
Gewürze (zum Beispiel Koriander, Kreuzkümmel, Chili, Oregano)
2 EL Öl
120 g Käferbohnen
2 EL Mayonnaise
Salz und Pfeffer

Die Amurfilets kreuzweise schröpfen und in Rum, Limettensaft, Salz und Pfeffer ca. 30 Minuten marinieren.
Für den Kuchen Zwiebel, Jungzwiebel und Paprikaschote in kleine Würfel schneiden, Knoblauch fein hacken, mit Chiliflocken in erhitztem Öl anschwitzen. Mit Gemüsefond und Milch ablöschen, aufkochen lassen. Polentagries und Fünfkornflocken einrühren, unter stetigem Rühren ca. 5 Minuten köcheln lassen und abschmecken. Eidotter unter die lauwarme Masse ziehen, auf einem geölten Blech ca. 2 cm dick auftragen, abkühlen lassen. Ausgekühlte Masse zum Beispiel in Dreiecke schneiden und diese in erhitzter Butter goldbraun anbraten.
Für die Mayonnaise Zwiebel und Knoblauch fein hacken, mit den Gewürzen in erhitztem Öl hellbraun anbraten, dann die gekochten, pürierten Bohnen dazugeben. Das Ganze durchschwenken, pürieren, passieren und abkühlen lassen. Nun mit der Mayonnaise vermischen und abschmecken.
Die marinierten Fischfilets in heißem Öl anbraten, mit der Marinade ablöschen und im Backrohr bei 160 °C ca. 5 Minuten nachziehen lassen. Minipaprika im Ganzen im Backrohr bei 200 °C Oberhitze anbraten.

Den Fisch mit der Mayonnaise, dem Kuchen und den Paprikaschoten servieren.

Tipp: Auch während des Grillens sollte man den Fisch mit Marinade bepinseln.

Reinanken im Reisblatt mit Kurkumakraut

480 g Reinankenfilets
100 g Champignons
1 EL Rapsöl
100 g frischer Spinat, in Streifen geschnitten
100 g Bärlauchblätter
Salz und Pfeffer
4 Stk. Reisblätter

Kurkumakraut

200 g Chinakohl
100 g Salatgurken
20 g Ingwer
1 Prise Kümmel, gemahlen
1 Prise Chilipulver
1 EL Sesamöl
100 ml Gemüsefond
½ TL Kurkumapulver
Zwiebelsamen

Die Reinankenfilets in 4 Portionen teilen. Champignons blättrig schneiden und im erhitzten Öl kurz anschwitzen, den Spinat und Bärlauch dazugeben, würzen und abkühlen lassen. Die Reisblätter in lauwarmem Wasser einweichen und auf ein Küchentuch legen. Die Filetstücke, Spinat und Champignons darauf verteilen und zu einem Päckchen zusammenschlagen. Dann am besten in einem Dämpfkorb (oder in einem Dampfgarer) ca. 10 Minuten dämpfen. Für das Kraut Chinakohl, Salatgurken und Ingwer in feine Streifen schneiden. Eine Pfanne leicht erhitzen, Ingwer, Kümmel, Chilipulver und Chinakohl in Sesamöl anschwitzen und mit Gemüsefond ablöschen. Gurkenstreifen und Kurkuma dazugeben, mit Zwiebelsamen würzen, knackig garen und zum gedämpften Fisch servieren.

Hechtnockerl mit Dillsauce

500 g Hechtfilet
Salz und Pfeffer
1 TL Senf
500 ml Obers
1 Lorbeerblatt
4 Wacholderbeeren
1 TL Pfefferkörner
1 Karotte
½ Lauchstange

Sauce
1 Lauchstange
1 Zwiebel
30 g Butter
2 EL Noilly Prat
6 EL Weißwein
400 ml Hühnersuppe
125 ml Obers
50 g Butter
Salz
Muskatnuss
1 Bund Dill
1 TL Zitronensaft

Das gut gekühlte Fischfilet entgräten, mit Salz und Pfeffer würzen und mit dem Senf zu einer glatten Farce pürieren, dabei nach und nach das eiskalte Obers dazu gießen, Farce kalt stellen.
Salzwasser mit Lorbeerblatt, Wacholder- und Pfefferkörnern zum Kochen bringen, geviertelte Karotte und Lauchstange dazugeben und im Sud ziehen lassen.
Für die Sauce Lauch und Zwiebel schälen, fein würfeln und in Butter anschwitzen. Mit Noilly Prat und Weißwein ablöschen, einkochen lassen, mit Suppe aufgießen und um ein Drittel einkochen lassen. Dann das Gemüse abseihen, die aufgefangene Sauce mit Obers und Butter sämig aufschlagen und würzig abschmecken. 4 Zweige Dill für die Garnitur beiseitelegen, den Rest fein hacken und unterrühren.
Nun mit einem Esslöffel Nockerl von der Hechtfarce ausstechen und in leicht siedendem Wasser ca. 10 Minuten gar ziehen lassen.

Die aufgeschäumte Sauce in tiefen Tellern verteilen und die Nockerl hineingeben. Mit den Dillzweigen garnieren und servieren.

Wels mit Zwetschken-Senf-Sauce und Zuckerhutfleckerl

4 Welsfilets à ca. 120 g
Salz und Pfeffer
Öl zum Braten
Kren, gerieben

Zuckerhutfleckerl

180 g Nudelteig*
150 g Zuckerhut
150 g Gemüse nach Saison
2 EL Öl
Salz und Pfeffer
2 EL Kräuter nach Saison

Sauce

60 g Zwiebeln
50 g Butter
100 ml Weißwein
200 ml Fischfond
200 ml Obers
2 TL Zwetschkensenf
Salz und Pfeffer

*Nudelteig

230 g griffiges Mehl
1 Eidotter
2 Eier
Salz
2 EL Öl

Für die Fleckerl Nudelteig mit der Nudelmaschine oder dem Nudelwalker dünn ausrollen, in ca. 3 x 3 cm große Rhomben schneiden und diese in Salzwasser bissfest kochen.

Zuckerhut putzen, waschen und in Streifen schneiden, das Gemüse in kleine Stücke schneiden und in Öl bissfest braten, würzen. Fein gehackte Kräuter beifügen und mit den abgeseihten, abgetropften Nudelfleckerln durchmischen.

Für die Sauce die fein gehackten Zwiebeln in der Hälfte der Butter anschwitzen, mit Weißwein und Fischfond ablöschen und auf ein Drittel einreduzieren. Obers dazugeben und weiter einköcheln lassen, dann den Zwetschkensenf und die restliche Butter dazugeben, mit einem Stabmixer pürieren und mit Salz und Pfeffer abschmecken.

Die Welsfilets mit Salz und Pfeffer würzen, im heißen Öl anbraten und im Backrohr bei 170 °C ca. 6 Minuten fertig garen.

Fisch auf den Fleckerln anrichten und die Sauce beigeben, mit Kräutern und etwas frisch geriebenem Kren garnieren.

Tipp: Der Zuckerhut verliert die Bitterkeit, wenn er vor der weiteren Zubereitung in heißem Wasser blanchiert wird.

Pochierte Lachsforelle mit Kokossauce

400 g Lachsforellenfilet
Salz und Pfeffer
Koriander
500 ml Fischfond
125 ml Weißwein

Sauce
1 Knoblauchzehe
25 g Ingwer
20 g Kurkumawurzel
2 EL Erdnussöl
250 ml Kokosmilch
200 ml Orangensaft
3 Safranfäden
Limette
Chili nach Geschmack

Die Fischfilets in dünne Scheiben schneiden und zu Rosen drehen, mit Salz und Pfeffer sowie Koriander bestreuen und in etwas Fischfond mit Weißwein pochieren.
Knoblauch, Ingwer und Gewürze fein schneiden, in heißem Öl kurz anbraten und mit Kokosmilch und Orangensaft ablöschen. Dann den Safran dazugeben und etwas köcheln lassen. Zum Schluss mit Limettensaft und Salz nochmals abschmecken. Die Lachsforellenrosen mit der Sauce servieren.
Als Hauptgericht serviert, eignen sich als Beilagen knackig gebratenes Gemüse nach Saison wie Spinat, Lauch, Jungzwiebeln und knuspriger Sesam-Reis.

Tipp: Anstelle von Lachsforelle kann auch *Alpenlachs©* oder *Kärntna Låxn* verwendet werden.

Hecht mit Käferbohnen-Soufflé, frittierten Pastinaken und Remouladensauce

4 Hechtfilets
etwas Maisgries
Chiliflocken nach Geschmack
Butter zum Braten
200 g Pastinaken
etwas Maisstärke
1 Eiklar
Öl zum Frittieren

Käferbohnen-Soufflé
250 g Käferbohnen
100 g Butter
Kümmel
Muskatnuss, gerieben
Majoran
Salz und Pfeffer
3 Eier

Remouladensauce
150 g Petersilie
1 TL Kerbel
1 TL Estragon
1 Essiggurkerl
1 EL Kapern
2 Sardellen
2 EL Sauerrahm
3 EL Crème fraîche
Salz und weißer Pfeffer
1 Eidotter
¼ TL mittelscharfer Senf
100 ml Öl
Zucker
etwas Zitronensaft

Für das Soufflé die Käferbohnen gemeinsam mit der flüssigen Butter, den Gewürzen und den Eidottern mit dem Stabmixer pürieren. Die Eiklar steif schlagen und vorsichtig unter das Püree heben. Die Masse nun in ausgebutterte Förmchen füllen (aber nicht ganz voll; man kann auch gut ausgewaschene kleine Käferbohnendosen dazu verwenden). Die Förmchen in einem Wasserbad für rund 10 Minuten zugedeckt in den Backofen stellen.

Für die Remouladensauce alle Kräuter fein schneiden, Essiggurkerl, Kapern und Sardellen in feine Würfel schneiden. Den Sauerrahm und die Crème fraîche in einer Schüssel gut verrühren und mit Salz und weißem Pfeffer abschmecken. Eidotter in einer Schüssel mit Senf und Öl, Salz, Pfeffer, Zucker und Zitronensaft zu einer Mayonnaise rühren. Diese dann mit der Sauerrahm-Crème-fraîche-Mischung, den fein gehackten Kräutern sowie den Kapern-, Gurken- und Sardellenwürfeln vermischen, die Sauce nochmals abschmecken.
Nun für die Hechtfilets Maisgries mit Chili-Flocken vermischen, darin die Filets wenden und beidseitig in Butter knusprig braten. Die in dünne Scheiben geschnittenen Pastinaken erst in Maisstärke, dann in Eischnee wenden und in heißem Öl knusprig frittieren.

Die Hechtfilets mit der Hautseite nach oben auf den frittierten Pastinaken mit der Remouladensauce sowie mit den Käferbohnen-Soufflés anrichten.

Karpfen auf Birnen-Chili-Cocktail

Birnen-Chili-Cocktail
2 Birnen
1 rote Zwiebel
20 g Kren
40 g Walnüsse

Marinade
40 g Honig
2 rote Chilischoten,
entkernt und fein gehackt
20 g Dill, fein gehackt
Salz
Walnussöl
weißer Balsamessig

600 g Karpfenfilet
Saft einer ½ Limette, Salz
80 g Walnüsse
80 g Semmelbrösel
etwas glattes Mehl
1 Ei
Öl zum Ausbacken

Die geschälten, vom Kerngehäuse befreiten Birnen in dünne Spalten schneiden, die Zwiebel in feine Ringe schneiden, beides mit frisch geriebenem Kren und grob gehackten Walnüssen vermischen und mit der Marinade (dafür die angegebenen Zutaten vermengen) übergießen. Dann diesen Cocktail eine Stunde gekühlt gut durchziehen lassen.
Das Karpfenfilet mit dem Limettensaft beträufeln und salzen, anschließend in Streifen schneiden. Die grob gehackten Walnüsse mit den Semmelbröseln vermischen, die Fischstücke in Mehl, verquirltem Ei und dem Nuss-Brösel-Gemisch panieren, anschließend in heißem Öl ausbacken.

Den Birnen-Chili-Cocktail nun portionieren und die gebackenen Filetstücke darauf anrichten, nach Belieben garnieren.

Seesaibling mit Fenchel-Erdbeer-Cocktail

4 Seesaiblingsfiletstücke à 120 g
Salz und Pfeffer
1 Eiklar
schwarze Sesamkörner
Öl zum Braten

Cocktail

2 Fenchelknollen
250 g Erdbeeren
Saft von 1 Zitrone
3 EL Öl
1 Schuss weißer Rum
160 g Rucola zum Garnieren

Die Seesaiblingsfilets enthäuten, mit Salz und Pfeffer würzen, auf der Hautseite zuerst in steif geschlagenen Eischnee, dann in schwarzen Sesam tauchen und in heißem Öl auf der Hautseite knusprig braten.
Für den Cocktail Fenchel hobeln oder in feine Streifen schneiden und blanchieren. Zwei Drittel der Erdbeeren pürieren, ein Drittel in dünne Scheiben schneiden. Fenchel, Erdbeerscheiben und Erdbeerpüree mit Zitronensaft, Öl und Rum gut vermischen.

Den Fisch auf dem Cocktail anrichten, mit Rucola garnieren und servieren.

Seesaibling mit Walnuss-Sauce, Austernpilzen und Gemüse

1 Seesaibling (ca. 1–1,5 kg), küchenfertig
3 Thymianzweige
Pfeffer aus der Mühle

Sauce

3 Schalotten, fein gehackt
3 EL Butter
100 g Walnusskerne, halbiert
3 Thymianzweige
250 ml Obers

Gemüse

je 80 g Karotten, Schwarzwurzeln, Gelbe Rüben, Blattspinat und Austernpilze, in Stücke geschnitten
Salz
Muskatnuss, gerieben
etwas Butter
½ Bund Schnittlauch

Den Seesaibling (ohne zu würzen) auf Thymianzweige in eine feuerfeste Kasserolle legen und im Backrohr bei 175 °C ca. 25 Minuten garen.
Für die Sauce die Schalotten in Butter glasig anschwitzen, Nüsse und Thymianzweige dazugeben und mit Obers aufgießen. Kurz ziehen lassen und warm halten.
Das Gemüse und die Pilze mit Salz und Muskatnuss würzen und mit dem Blattspinat blanchieren. Dann in Butter anschwitzen und mit fein geschnittenem Schnittlauch vermischen.
Pilze und Gemüse auf einer Platte anrichten, den Seesaibling darauf platzieren und mit der Nuss-Sauce servieren, mit Schnittlauch oder anderen Kräutern und Karottenstreifen garnieren.

Tipp: Schwarzwurzeln bleiben weiß, wenn man sie kurz in Milch- oder Zitronenwasser einlegt.

Fischauflauf mit Dillsauce gratiniert

400 g Fischfilets
150 g Flusskrebsschwänze

Erdäpfelmasse

500 g Erdäpfel, gekocht
Salz
3 Eier
250 g Butter
1 Prise Muskatnuss, gerieben
evtl. 1 TL Trüffelöl

Dillsauce

40 g Butter
2 EL Mehl
je 250 ml Fischfond und Sauerrahm
1 Bund Dill
4 EL Obers
2 Eidotter
1 Prise Muskatnuss, gerieben
weißer Pfeffer

Die Fischfilets in Stücke schneiden, diese in gesalzenem Wasser kurz pochieren. Die gekochten Flusskrebsschwänze auslösen.

Für die Erdäpfelmasse die gekochten Erdäpfel pürieren und mit den übrigen Zutaten gut verrühren, Masse in einen Spritzbeutel füllen.

Für die Dillsauce aus Butter, Mehl, Fischfond und Sauerrahm eine Art Béchamelsauce bereiten. Überkühlen lassen, dann fein gehackten Dill, steif geschlagenes Obers sowie Eidotter unterrühren und würzen.

Eine Gratinform mit Butter einfetten, die Erdäpfelmasse mit dem Spritzbeutel am Rand der Gratinform entlang (vom Boden bis zum oberen Rand) aufdressieren.

Nun die Fischstücke in die Gratinform einlegen, die Dillsauce über den Fisch geben, Flusskrebsfleisch darüber verteilen und im Backrohr bei 180 °C ca. 15 Minuten gratinieren.

Anhang

Register | Glossar | Literatur
Bildnachweis | Autorenbiografie

Rezeptregister

Alpenlachs© in der Folie mit grünem Spargel ... 146
Amur mit Duxelle ... 97
Amur mit Polenta-Fünfkorn-Kuchen
und Käferbohnen-Mayonnaise ... 205
Amurchips auf Flusskrebs-Pilz-Salat ... 101
Amur-Terrine ... 87
Äsche in Oberssauce ... 151
Binnensee-Bouillabaisse ... 119
Burgenländischer Aalsalat ... 92
Curry-Karpfen-Suppe ... 125
Festtags-Wurzelkarpfen ... 130
Fischauflauf mit Dillsauce gratiniert ... 224
Fischbrot ... 80
Fischfond (Basisrezept) ... 66
Fisch-Salat mit Safran-Orangen-Dressing ... 89
Fischsuppe (Basisrezept) ... 115
Fischvariationen auf Salat
mit Paprika-Vinaigrette ... 91
Fischwürste ... 79
Forelle mit Orangen-Mandel-Sauce
und Persischem Reis ... 181
Forelle rot mit Mangold und Erdäpfeln ... 197
Forellencarpaccio mit Rhabarberterrine
und kalter Erdbeersuppe ... 73
Forellenröllchen mit Rogen ... 109
Forellentatar mit Reiberdatschi ... 105
Gabelbissen mit Räucherfisch in Kürbiskernöl-Creme ... 69
Gebackene Erdäpfelknödel
mit geräuchertem Alpenlachs© ... 171
Gedünstete Schleien ... 204
Gefüllte Lachsforelle ... 185
Gegrillter Stör mit Schwarzwurzel-Espuma ... 107
Gemischte Fischstücke mit Salatcombo ... 95
Hecht am Spieß gegrillt
im Schweinsnetz mit Wurzelgemüse ... 145
Hecht mit Käferbohnen-Soufflé, frittierten
Pastinaken und Remouladensauce ... 217
Hechtnockerl mit Dillsauce ... 210
Jüdischer Karpfen auf Alt-Leopoldstädter Art ... 166
Karottensuppe mit Rotaugen-Knöderl ... 122
Karpfen auf Birnen-Chili-Cocktail ... 219
Karpfen mit Bohnen-Erdäpfel-Ragout und Quittensenf ... 139
Karpfen schwarz ... 137
Karpfensauce über Schweinsnüsschen ... 111

Karpfenstreifen in Maismehlpanier....135
Mini-Clubsandwich mit marinierten Reinanken
und Guacamole.... 75
Mohncremesuppe mit Räucherforelle.... 116
Palatschinken, gefüllt mit Hecht- und Krebsfarce.... 77
Pochierte Lachsforelle mit Kokossauce....215
Räucherfisch in der Dose....203
Räucherfischsalat.... 113
Räucherforellen-Salat mit Birne.... 85
Reinanke à la Oliver....179
Reinanke mit Avocado-Paradeiser-Tatar.... 199
Reinanke mit Trauben-Couscous
und Chili-Orangen-Öl.... 161
Reinanken im Reisblatt mit Kurkumakraut....209
Reinankenaufstrich....71
Reinanken-Rollmops.... 83
Rote-Rüben-Suppe mit geräuchertem
Saibling und Dörrzwetschken.... 120
Seesaibling auf Salzkruste....172
Seesaibling-Cordon bleu mit
warmem französischem Salat....175
Seesaibling in Karfiolsuppe mit Bärlauchcrackern....193
Seesaibling mit Fenchel-Erdbeer-Cocktail....220
Seesaibling mit Junkerwirsing und Steirer-Aioli....153
Seesaibling mit Süßkartoffelpüree....200
Seesaibling mit Walnusssauce,
Austernpilzen und Gemüse....223
Seesaibling mit Yacon-Salat.... 98
Stör mit Blutwurstravioli, Blattspinat
und Rote-Rüben-Sauce....169
Störfilets mit Mangold, Süßkartoffeln und Pilzen....165
Störfilets mit Schwammerlsterz....155
Teichmuscheln mit Ricottanockerl und Gemüse.... 191
Trüschen-Leber auf Apfelbett....103
Ungarische Fischsuppe (Halászlé)....127
Wels mit Paradeiserstreusel und Basilikumbutter....143
Wels mit Zwetschken-Senf-Sauce
und Zuckerhutfleckerl....213
Zander in Strudelteigblättern mit rotem Püree....149
Zander mit süß-saurer Peperonata
und Polenta-Goldfischchen....187
Zander mit Vulcano-Schinken,
Chicorée und Grapefruit-Vanille-Sauce....159
Zander und Hecht in Weinblättern gebacken....133

Glossar

Schmalz	ausgelassenes Schweinefett
Asmonte	würziger Hartkäse aus Österreich, anstelle von Parmesan zu verwenden
auswalken	mit dem Nudelholz ausrollen
Beuschel	Lunge und Herz
blanchieren	Gemüse kurz in heißes Wasser legen
Blaukraut	Rotkohl, Rotkraut
Blunzen	Blutwurst
Bouillabaisse	französische Fischsuppe aus mehreren Sorten Fisch
Bräter	backofentauglicher, meist größerer Topf
Dotter, Eidotter	Eigelb
Duxelle	Art der Pilzzubereitung zum Überbacken oder Befüllen von Gemüse (mit Teig auch zum Umhüllen von Fleischfilet) oder als Zugabe zu Fleischfarcen
Eierschwammerl	Pfifferlinge
Eiklar	Eiweiß
Einbrenn	braune Mehlschwitze
Erdäpfel	Kartoffeln
Farce	Fein faschierte oder passierte, gut gewürzte Füllmasse
Faschiertes	durch den Fleischwolf gedrehtes Fleisch
Felche	Reinanke (Renke, Maräne), ein Süßwasserfisch
Filet (Fisch)	grätenfreies Stück Speisefisch
Fischbeuschel	gut gereinigte Fischinnereien ohne Galle
Fisolen	grüne Bohnen
Guacamole	Avocado-Dip mit Zwiebeln, Tomaten, Limettensaft, Knoblauch, Koriander
Julienne	in feine Streifen geschnitten
Junker, steirischer	Jungwein
Karotte	Mohrrübe
Kasserole	niedriger Kochtopf
Kernöl	Kürbiskernöl (aus gerösteten Kürbiskernen gepresstes Speiseöl)
köcheln	leicht auf kleiner Flamme kochen
Kohl	Wirsing
Kren	Meerrettich

montieren	eine Sauce durch das Einrühren von kalter Butter sämiger machen
Nockerl	verschiedene Teige zu ovalen Stücken geformt (z. B. mit zwei Teelöffeln geformt) und in Salzwasser gekocht
Noilly Prat	französischer Wermut, bevorzugt zum Kochen verwendet
Obers (Rahm)	süße Sahne
Packerl	Päckchen
Palatschinken	Pfannkuchen, Eierkuchen
panieren	in Mehl, Ei und Semmelbröseln wenden
Paprikasch	ungarisch-stämmige Bezeichnung für alle stark mit Paprika gewürzten Speisen
paprizieren	mit Paprikapulver würzen
Paradeiser	Tomaten
passieren	durch ein Sieb streichen bzw. mit der Küchenmaschine cremig fein hacken
Pfefferoni	ganz scharfe, kleine Paprikaschoten
Pignoli	Pinienkerne
pochieren	kurzes Garen mit gerade bedeckender Flüssigkeit unter dem Siedepunkt
Polentagrieß, -mehl	Maisgrieß, -mehl
Porree	Lauch
Prise	kleine Menge an Gewürzen, die man zwischen zwei Fingerspitzen fassen kann
randeln	Teigrand mit zwei Fingern zusammendrücken und eindrehen, um ihn fest zu verschließen
reduzieren	Eindicken von Kochflüssigkeit durch längeres, leichtes Kochen
Reiberdatschi	Kartoffelpuffer, gebratene Fladen aus geriebenen Erdäpfeln
Ricotta	Molkekäse
Rote Rüben	Rote Bete
rote Walnüsse	Walnüsse gibt es auch mit rotem Häutchen
putzen	säubern, aufschneiden (vorbereiten zur weiteren Verarbeitung)
sämig	dicklich
Sauerkraut	milchsauer vergorenes Weißkraut

Sauerrahm	saure Sahne
Schalotte	kleine, wohlschmeckende Zwiebelart
schröpfen	das Einschneiden von Fisch oder Fleisch im Abstand von ca. 5 mm (bei Fischfilets ohne die Haut zu verletzen), wird vor allem beim Karpfen durchgeführt, damit man nach dem Garen die Gräten nicht mehr spürt
Schwammerl	allgemein für Pilze
Selchfleisch, -fisch	Räucherfleisch, -fisch
Semmel	Weißbrötchen
(Semmel-)Brösel	Paniermehl aus trockenen Semmeln bzw. Weißbrot
Senf	Mostrich
Spagat	stärkerer Bindfaden
spicken	mit einer Spicknadel Speckstreifen durch die obere Fleischschicht ziehen, die Enden stehen dabei noch hervor
stauben	mit etwas Mehl eine sämige Konsistenz bei Saucen bzw. Suppen erzeugen
Sterz	bröckelige, trockene Speise aus Mehl, Grieß oder Maisgrieß in Wasser gekocht oder in Fett gebacken
Strudel	Hefe-, Mürb, Blätter- oder Strudelteig mit einer Fülle, eingerollt und gebacken oder gekocht
Sulz, Sülzchen	Aspik, Verkleinerungsform für Aspik
Suppengrün	Blattwerk und Wurzeln von Petersilie und Sellerie, außerdem Liebstöckel, Lauch und Karotten
Szechuanpfeffer	auch japanischer Pfeffer, Anispfeffer, chinesischer Pfeffer genannt, ist ein scharf schmeckendes Gewürz aus der Familie der Rautengewächse und ist nicht mit dem schwarzen Pfeffer (*Piper nigrum*) verwandt
Topfen	Quark
Trüffelöl	mit schwarzen oder weißen Trüffeln aromatisiertes Olivenöl
versprudeln	verquirlen
Vinaigrette	Salatmarinade
Vogerlsalat	Feldsalat
Wurzelgemüse, -werk	Sellerieknolle, Petersilienwurzeln und Karotten
Yacon	eine Wurzelknolle, wächst in den Andenstaaten Südamerikas, wird als Gemüse und Salat zubereitet oder

	einfach pur gegessen (geschmacklich erinnert sie an eine Honigmelone oder Birne) und wird wegen ihrer Inhaltsstoffe auch Diabetiker-Kartoffel genannt
Zesten	fein abgeriebene Schale z. B. von Zitronen oder Orangen
Zitronenpfeffer	schwarzer Pfeffer mit getrockneten Zitronenzesten aromatisiert
Zitronensalz	grobes Salz oder Fleur de Sel mit getrockneten Zitronenzesten oder mit Zitronenöl aromatisiert
Zwetschke	Pflaume
Zwiebelsamen	Nigella, auch Schwarzkümmel, ist der Samen eines Hahnenfußgewächses, ist mit Kümmel oder Zwiebel nicht verwandt, schmeckt rauchig scharf, nussig, pfeffrig, mit Anklängen an Oregano, wird oft mit schwarzem Sesam verwechselt

Literatur und Quellen

Apicius, Marcus Gavius: De re coquinaria, Reclam, Stuttgart 1991.

Barham, Peter: Die letzten Geheimnisse der Kochkunst, Springer, Heidelberg 2001.

Dorn, Anna: Neuestes Universal- oder Großes Wiener-Kochbuch, Tendler und von Manstein, Wien 1827, Kremayr & Scheriau, Wien 1975.

Gasser, Manuel: Die Küche meiner Tante Mélanie, Insel Taschenbuch, Frankfurt/Main, 1977.

Hagger, Conrad: Neues Saltzburgisches Kochbuch, Salzburg 1719, Residenzverlag, Salzburg 1976.

Haider, Willi/Wagner, Christoph: Die steirische Küche, Styria, Wien 2005.

Hartlieb, Ing. Rudolf, Der Huchen, Hubertusverlag Richter & Springer, Wien 1948.

Hasitschka, Josef: Admonter Klosterkochbuch, Stift Admont 1998.

Käsestraße Bregenzerwald (Hg): Käsbüächle, Bucher Verlag, Egg 2006.

Kernmayer, Gustl: Steirisches Kochbuch, Amalthea, Wien 1972.

Köpfelsberger, Jakob (vormaliger Obmann des Landesfischereiverbandes Steiermark), handschriftliche Aufzeichnungen und mündliche Mitteilungen.

Kübel, Hans Gerd: Lachs, Salm, Lax, Hädecke o. J.

Kujawski, Olgierd/E. J. Graf: Die neue Fischküche, Leopold Stocker Verlag, Graz 1998.

Landesfischereiverband Steiermark, Dr. Nicole Prietl, mündliche Mitteilungen.

Lemmer, Manfred/Beck, Eva (Hg.): De Re Coquinaria – Das Kochbuch der Philippine Welser, Pinguin Verlag, Innsbruck 1983.

Lütticken, Richard: Räuchern und Grillen von Fischen, Weltbild, Augsburg 2005.

Maier-Bruck, Franz: Das große Sacher Kochbuch, Schuler Verlagsgesellschaft, Hersching 1975.

Maier-Bruck, Franz: Vom Essen auf dem Lande, Verlag Kremayr & Scheriau, Wien 1981.

Marias Land (Hg.): Alpenlachs Broschüre, Puchberg am Schneeberg o. J.

Mehrere geschickte und berühmte Köchinnen, Neues und bewährtes Kochbuch ..., Linz 1827, Bibliothek der Provinz, Katsdorf 1990.

Melin, Jacob (J. M.): Grätzerisches Kochbuch, Kienreich, Graz, 1804, Verlag für Sammler, Graz 1978.

Neumann, Petra (Hg).: Dolce Vita, Knaur, München 2001.

Peier Franz: Div. Broschüren zu den Kochkursen, Graz 2001 bis 2010.

Plachutta, Ewald/Wagner, Christoph: Die Gute Küche, Verlag Orac, Wien 1993.

Poggenpohl, Gerhard: Fischers Fritz fischt frische Fische, Edition XXL, Reichelsheim 2001.
Prato, Katharina: Die Süddeutsche Küche, Aug. Hesses's Buchhandlung, Graz 1870.
Prato, Katharina: Die Süddeutsche Küche, Styria, Graz 1919.
Qualtinger, Leomare: Das Kochbuch der Maria Stainer 1789, Uebereuther, Wien 1978.
Reimoser, Helfried: mündliche Mitteilungen.
Rokitanzky, Maria von: Die Österreichische Küche, Edlinger's Verlag, Wien 1910.
Rolling Pin, Ausgabe 87, Graz, 2009.
Ruhl, Thomas: Das Culinarium der Süßwasserfische, Edition Fackelträger, Köln 2008.
Schindler, Dr. Ingeborg/Bräckle, Dr. Isolde/Karch, Brigitte: Von Aal bis Zander, Ehrenwirth, München 1990.
Schleich, Prof. Johann: mündliche Mitteilungen.
Setz, Helga: Das Kochbuch aus Kärnten, Enthaler-Verlag, Söll/Tirol 1979.
Spindler, Thomas: Fischfauna in Österreich, Umweltbundesamt, BMfU, Wien 1995.
Stadtwerke Graz (Hg.): Erprobte Kochrezepte, Eigenvervielfältigung, Graz 1951.
Steiermärkische Landesbibliothek (Hg.): Ein Koch- und Artzney Buch, 1686, Verlag für Sammler, Graz 1992.
Treißsauerwein, Marx (Hg.): Der Weiß Kunig, Wien 1775, VCH, Leipzig 1985.
Urban, Erich (Hg.): Ich kann kochen, Ullstein & Co, Berlin, Wien 1909.
Verein Netzwerk Teichwirtschaft-Tourismus (Hg.): Auf Fisch versessen, Steirische Verlagsgesellschaft, Graz 2006.
Wagner, Christoph: Esterházy Kochbuch, Loewenzahn, Innsbruck 2009.
Wagner, Christoph: Sternstunden der Kochkunst, Verlag der Salzburger Druckerei, Salzburg 1987.
Wallner, Sandra J./Steinberger, Ingrid: Herzhaft, g'sund, steirisch, Steirische Verlagsgesellschaft, Graz 2000.
www.das-angelforum.de
www.fisch-rezepte.info
Zimmermann, Jennifer/Wepf, Mirellea: Wasserküche, Edition FONA, Lenzburg 2003.
Zischka, Ulrike/Ottomayer, Hans: Die anständige Lust, Edition Spangenberg, München 1994.

Kochbuchplattformen im Internet

Graz: http://sosa2.uni-graz.at/sosa/druckschriften/dergedeckteTisch/einfuehrung.php;
Linz: www.alteskochbuch.at;
Salzburg: http://www.ubs.sbg.ac.at/sosa/lucullarium.htm

Bildnachweis

Foodfotografie: Günter Hauer
©AMA / Rita Newman: 13, 14, 17, 18, 20, 23
András Vass / Monika Halmos: 129
Archiv Taliman Sluga: 15, 16, 21, 24, 34, 37, 236
Universitätsbibliothek Salzburg, Signatur R 2890 I 33
Katharina Prato, Die Süddeutsche Küche,
20. Auflage, Graz 1919.: 27
shutterstock.com: Alexander Raths 40, 61, Alis Photo 45, andrey oleynik 36/37, Andriy Boyko 114, anmbph 41, 54, Anton Starikov 57, AVA Bitter (Illustrationen) 204, 85, 113, 109, 89, 230, 232, 235, 219, 215, 210 199, 171, 166, 151, 145, 135, 123, 103, 97, 79, 75, 71, 66, Azdora 48, bajinda 40, 42, bitt24 64, bonchan 50, ConceptCafe 92/93, Edvard Ellric 44, Ekaterina Kondratova 6, Eric Isselee 53, FedBul 47, grey_and 49, goodluz 54, Hein Nouwens 32, Igor Kovalchuk 3, Umschlag, JIANG HONGYAN 63, Kariakin Aleksandr 62, Kondor83 45, Konjushenko Vladimir 58, Maksimilian 55, Navalnyi 31, Nikitin Victor 46, 48, 56, Oleksandr Osipov, 226, Oleksandr Lytvynenko 60, pictoplay 52, Pi-Lens 59, Sergey Goruppa 43, Vinne 44, 52, Zheltyshev 46

Taliman Sluga

Der Kultur- und Kulinarikvermittler Taliman E. Sluga ist im Museums- und Ausstellungswesen tätig und veranschaulicht mit dem zentralen Thema „Essen und Trinken" historische Epochen und regionale Gegebenheiten. Seit 2005 ist Sluga auch Kochbuchautor. Der Österreicher ist Initiator der seit 2011 jährlich stattfindenden Kochbuchmesse Graz und des Österreichischen Kochbuchpreises *Prix Prato*. Ebenfalls von ihm im Verlag Anton Pustet erschienen: Europäisches Weihnachtskochbuch: Rezepte · Bräuche · Spezialitäten (2018)/ Christmas in Europe: Recipes · Customs · Specialities (2019).

Märchenhafte Lesefreuden
mit Nina Stögmüller
VERLAG ANTON PUSTET

Von einer die auszog, das Loslassen zu lernen

Es war einmal … vor langer, langer Zeit. Da gab es eine Frau, die konnte einfach nicht loslassen. Sie ging zum Bäcker, um Brot zu kaufen und wollte ihr Geld nicht hergeben. Schon blöd, denn dadurch bekam sie auch kein Backwerk mit nach Hause. Sie schrieb einen Brief und schaffte es nicht, diesen abzuschicken, denn dann hätte sie ihr Schriftstück ja loslassen müssen. So konnte das nicht weiter gehen. Die Frau hatte ein großes Problem und das wusste sie auch.

Eines Tages reichte es ihr und sie ging zu einer weisen Frau, die im Wald lebte und nur von jenen Menschen gefunden werden konnte, die es mit ihrem Anliegen wirklich ernst meinten. So war es mit der Frau, die nicht loslassen konnte, ihr war es wirklich ernst mit ihrer Sache und deswegen fand sie auch auf Anhieb den Weg zur Alten im Wald.

„Was ist dein Begehr?", fragte diese und die Frau erzählte von ihrem Problem. Die Alte sagte: „Du hast kein Vertrauen ins Leben, du glaubst, wenn du etwas festhältst, bleibt alles so, wie es ist. Veränderung ist der Sinn des Lebens. Du musst das jetzt schleunigst lernen, in jedem Moment deines Lebens musst du versuchen, loszulassen, sonst stirbst du noch irgendwann und hast vorher nie richtig gelebt. Und sei dir gewiss: egal was es im Leben ist, was wirklich zu dir gehört, das bleibt bei dir oder kommt zu dir zurück. Du brauchst nichts festzuhalten, außer einen Regenschirm, wenn es regnet oder einen Löffel beim Suppe essen."

Die Frau hatte verstanden, aber wie sollte ihr das Loslassen so einfach gelingen, so von heute auf morgen? Sie wusste es nicht …

Fortsetzung: Mein Raunächtetagebuch auf Seite 48.

Was bedeuten mir Märchen?

Märchen sind Nahrung für die Seele. Jedes Märchen erzählt uns eine Geschichte, die uns mitnimmt auf eine wunderbare Heldenreise. Es entstehen „fabelhafte" Bilder im Kopf und das Herz wird berührt.

Woher kommt meine Inspiration?

Das Leben inspiriert mich jeden Tag auf´s Neue. Und natürlich recherchiere ich auch viel und komme so wieder zu neuen Inhalten für meine Märchen und Geschichten.

Was macht mich glücklich?

Märchenschreiben und Lesen. Gute Gespräche und Humor. Und natürlich die Natur.

Das wünsche ich meinen Leserinnen und Lesern:

Ich wünsche meinen Leserinnen und Lesern viel Freude und Inspiration beim Lesen meiner Bücher!

Märchenhafte Grüße sendet Ihnen
Ihre Nina Stögmüller

Ich freue mich über Ihr Feedback und Ihre Gedanken. Wenn Sie mich daran teilhaben lassen möchten, dann schreiben Sie mir unter **buch@spv-verlage.at** eine E-Mail oder besuchen Sie eine meiner Lesungen, Terminvorschau auf **www.diemaerchenfee.at**. Meine Bücher sind im Buchhandel, online und auf **www.pustet.at** erhältlich.

Ein kreatives Begleitbuch zu den zwölf heiligen Nächten im Jahr
Eine wahrhaft sinnvolle Ergänzung zum Bestseller *Raunächte erzählen*:

Natürlich gibt es auch in diesem Buch wieder viele liebevolle und lehrreiche Märchen, die zum Nachdenken und -spüren anregen. Der Tagebuchteil sowie stimmungsvolle Illustrationen zum Ausmalen und Weiterzeichnen bieten Raum zur freien Gestaltung – für die ganz persönliche kleine Auszeit in den Raunächten!

Mein Raunächtetagebuch
160 Seiten, ISBN 978-3-7025-0843-2, € 19,95

Ein Wander- und Lesebuch für Körper, Geist und Seele:
Auf 25 herrlichen Wanderungen zu ganz besonderen Mühlviertler Kraftplätzen!

Die genussvollen Wanderungen versprechen fabelhafte Naturerlebnisse in einem ursprünglichen Landstrich. Persönliche Anregungen laden dazu ein, die uralten Plätze neu zu entdecken und eigene Erfahrungen mit nach Hause zu nehmen.

Nina Stögmüller/Robert Versic **Märchenhafte Kraftplätze**
264 Seiten, durchgehend bebildert, detaillierte Karten
ISBN 978-3-7025-0884-5, € 24,90 (eBook: 978-3-7025-8044-5)

Die vielen Gesichter des Mondes

„Seit jeher hat der Mond die Fantasie der Menschen beflügelt. Das Staunen, das Entzücken und die romantischen Gefühle, die er bei vielen Menschen auslöst, wenn er so strahlend am Himmel steht, dieser märchenhafte Mondaspekt hat mich besonders inspiriert, dieses Buch zu schreiben."

Nina Stögmüller

Mondnächte erzählen
168 Seiten, ISBN 978-3-7025-0732-9, € 22,–
eBook: 978-3-7025-8005-6

Das Lese- und Märchenbuch zu den zwölf heilgen Nächten im Jahr

Wie Sie dieses Buch verwenden können:

- Einfach nur lesen.
- Lesen und sich inspirieren lassen.
- Lesen, sich inspirieren lassen, innehalten und die Zeitqualität der Raunächte für sich nutzen.

Viel Freude!

Raunächte erzählen
156 Seiten, ISBN 978-3-7025-0867-8, € 19,95
eBook: 978-3-7025-8004-9

Advent-
kalender
erzählen
Ein Lese- und Märchenbuch

Schäfchen zählen

Lesen Sie uns kennen.
www.pustet.at
mit Illustrationen von
Nicoletta Edwards